Systembau

Prinzipien der Konstruktion

Ebenfalls in dieser Reihe bei Birkhäuser erschienen:

Maarten Meijs, Ulrich Knaack
Bauteile und Verbindungen **– Prinzipien der Konstruktion**
ISBN 978-3-7643-8668-9

Ulrich Knaack, Tillmann Klein, Marcel Bilow, Thomas Auer
Fassaden **– Prinzipien der Konstruktion**
ISBN 978-3-0346-0671-4

Ulrich Knaack
Sharon Chung-Klatte
Reinhard Hasselbach

Systembau

Prinzipien der Konstruktion

Birkhäuser
Basel

Wir danken der Technischen Universität Delft für die finanzielle Unterstützung dieser Publikation.
Weiterhin gilt unser Dank Ria Stein für ihr Lektorat und die intensive Begleitung
sowie Sabine Kühnast für ihre kompetente Unterstützung unserer Arbeit.
Pieter Moerland sind wir für seine Kommentare dankbar sowie dem studentischen Mitarbeiter
Christian Wedi für die Erstellung der Zeichnungen.

Layout und Satz: MEDIEN PROFIS, Leipzig
Grafisches Konzept: Oliver Kleinschmidt, Berlin
Lektorat: Ria Stein, Berlin
Fachredaktion: Sabine Kühnast, Berlin
Übersetzung ins Deutsche (Kapitel 1, 2, 3, 7): Usch Engelmann, Rotterdam

Dieses Buch ist auch in englischer Sprache erschienen.
(ISBN 978-3-7643-8747-1)

Bibliografische Information der Deutschen Nationalbibliothek
Die Deutsche Nationalbibliothek verzeichnet diese Publikation in der Deutschen
Nationalbibliografie; detaillierte bibliografische Daten sind im Internet über
http://dnb.d-nb.de abrufbar.

© 2012 Birkhäuser, Basel
Postfach, CH-4009 Basel, Schweiz
Ein Unternehmen von De Gruyter
Gedruckt auf säurefreiem Papier, hergestellt aus chlorfrei gebleichtem Zellstoff. TCF ∞
Printed in Germany

ISBN 978-3-7643-8746-4

9 8 7 6 5 4 3 2 1

www.birkhauser.ch

INHALT

1 | Einleitung

Das Bauen mit vorgefertigten Systemen bedeutet, vorgeformte Bauteile oder Module zu produzieren und einzusetzen, um den Bauprozess effizienter zu gestalten. Das umfasst maßliche Raster, hohe technische Standards, niedrigere Kosten und den wiederholten Einsatz bestimmter Bauteile oder Produkte. Heutzutage arbeitet fast jede Wissenschaft und jeder Industriezweig mit systematisierten Verfahren. Die Bauindustrie ist hierbei keine Ausnahme, wohl aber ein Spätentwickler.

Bausysteme werden dazu verwendet, komplexe Planungs- und Konstruktionsprozesse zu vereinfachen. Sie sind nicht an eine bestimmte Bauaufgabe gebunden, sondern können vielfältig als Lösung angewendet werden. Da die Produktion des Gebäudes und seiner Konstruktion industriell angelegt ist, wird der Systembau oft mit Vorfertigung gleichgesetzt. Viele Bausysteme verwenden vorgefertigte Bauteile und basieren auf industriellen Montageverfahren, selbst wenn sie vor Ort montiert werden.

Begriffe

Der Begriff Systembau muss auch in einem zeitlichen Horizont verstanden werden. In vorindustrieller Zeit kann schon der Ziegel, der bereits 7500 v. Chr. verwendet wurde, als Systembau bezeichnet werden, da hier aus einer standardisierten Einheit ein Ganzes zusammengesetzt wird. Heute versteht man unter Systembau weitaus größere und komplexere Bauteile.

Die zunehmende Komplexität der Systematisierung kann an dem Begriff „Modul" (*modulus*, lat.: das Maß) festgemacht werden. Bezeichnete er in früheren Jahren standardisierte Maße wie beispielsweise die japanische Tatami-Matte oder den Modulor von Le Corbusier, steht der Begriff heute für standardisierte Einzelbauteile eines Gesamtsystems. Diese Einzelbauteile werden wiederum aus einzelnen Elementen erstellt.

Während des vorigen Jahrhunderts genossen visionäre Experimente im Bereich der Bausysteme großes öffentliches Interesse; in der Architektur verflog allerdings der Reiz des Neuen dieser Art der Industrialisierung schnell. Heute hingegen floriert die Massenproduktion von Standardbauteilen wieder, und in manchen Bereichen wie dem Wohnungsbau und der Bereitstellung ganzer Gebäude erfährt die Vorfertigung zumindest eine gewisse Renaissance.

Ein architektonisches Einzelstück gilt als handgefertigtes Kunstwerk, während das serielle industrialisierte Haus nicht das Bild eines schönen Zuhauses heraufbeschwört. Ist es unmöglich, gute Architektur zu kreieren und sie dann Hunderte Male zu wiederholen? Oder reflektiert der Traum von hochwertiger, aber kosteneffizienter Architektur nur eine Ideologie, die in der heutigen, hochindividualisierten Welt nicht funktioniert? Geht Vorfertigung notwendigerweise einher mit Zeitweiligkeit und sind wir daher zu zögerlich, bei einer Anschaffung, die größer ist als ein Auto und deren Lebensdauer zehn Jahre übersteigt, ein Hightechprodukt zu akzeptieren?

Das führt zu der Frage von guter und schlechter Architektur. Senkt die Serienproduktion den Wert eines Produkts? Die Künstler Andy Warhol und Dan Flavin haben einige ihrer Werke aus dem Gedanken der Wiederholung identischer Alltagsobjekte heraus geschaffen (1). Viele Reihen an sich einfacher Campbell-Suppendosen oder der rhythmische Takt von Leuchtstoffröhren sind die Essenz dieser Kunstwerke. Kann eine repetitiv gebaute Umgebung (2) intelligent geplant werden und die architektonische Qualität bieten, nach der wir suchen? Welchen Platz kann Massenanfertigung in der Architektur in unserer heutigen Zeit einnehmen, in der der Wunsch nach Individualität und Corporate Identity dominiert?

Bausysteme und Vorfertigung

Es ist leicht zu erkennen, dass viele Architekten und Bauherren stark auf Systeme (4) angewiesen sind, da Projekte ab einer gewissen Größe und mit begrenzter Realisierungszeit mit herkömmlichen Verfahren nicht zu erfüllen sind. Bausysteme schließen grundsätzlich die Produktion von Bauelementen ein, sei es in der Fabrik oder vor Ort; die Subkategorie Vorfertigung umfasst jegliche systematisierte Fertigung von Bauteilen und Elementen, die nicht vor Ort stattfindet (3). Die Vorteile einer Anwendung von Systemen, einschließlich der Vorfertigung, liegen in kürzeren Bauzeiten, einer einfacheren Kostenoptimierung und hochwertigeren Endprodukten aufgrund der engen Fertigungssteuerung innerhalb des Produktionsprozesses.

Aus Sicht des Architekten ist der Einfluss der Vorfertigung auf die Architektur einerseits positiv, da der Beruf damit einen größeren Verantwortungsbereich übernimmt und sich die Palette der technischen Möglichkeiten mit der Vorfertigung erweitert. Auf der anderen Seite ist sie mit einem negativen Image behaftet, weil sie die Angst schürt, dass intelligentes Denken und kreatives Entwerfen, ebenso wie der Beruf des Architekten an sich, bald überholt sind. Aus Sicht des Bauherrn können sich Bausysteme mit niedrigem Konstruktionsstandard ebenso wie mit High-End-Technologie verknüpfen; ihre Anwendung kann sogar als höchst zeitgemäß gelten.

Der Systembau wird üblicherweise als Gegensatz zum Bauen vor Ort angesehen, weil die Herstellung eben in der Fabrik durchgeführt wird. Er wird mit nichts Organischem in Verbindung gebracht: systematisiertes Bauen bedeutet normalerweise kastige, rechtwinklige Formen und strenge Raster. Da die Industrie und industrialisierte Produkte auf eine moderne Sprache abzielen, steht der Stil vorgefertigter Systeme im Kontrast zu handwerklich geprägter, traditionsverhafteter Architektur. Solche Verallgemeinerungen sind allerdings nur teilweise richtig.

1

Installation aus Leuchtstoffröhren, Menil Collection, Richmond Hall, Houston, Texas, Dan Flavin, 1996
Sich wiederholende Einzelelemente, wie die farbigen Leuchtstoffröhren in dieser Installation, bilden ein Ganzes. Ein Zwillingswerk ziert die andere Seite der Halle.

2

Vorgefertigte Häuser in Middelburg, Niederlande
In dieser niederländischen Straße hat die individuelle Fassade keinen hohen Stellenwert. Die sich wiederholenden Wohneinheiten vereinheitlichen die Straßenfassade und signalisieren, dass die Ordnung in dieser repetitiv gebauten Umgebung von großer Bedeutung ist.

Vor-Ort-Baumethoden, beispielsweise das amerikanische Stick-Built-Verfahren für Holz-einfamilienhäuser, werden häufig als das langsamere manuelle Verfahren angesehen. Tatsächlich ist diese Bauweise in manchen Fällen systematisierter als die der heute verfügbaren vorgefertigten Häuser. Während manche Methoden zum Bauen vor Ort sich auf technisch niedrigem Niveau abspielen, sind andere Vor-Ort-Verfahren mit moderner, hocheffizienter Fabrikfertigung vergleichbar und übertreffen sogar deren Produktionsleistung bei Weitem. Beispiele hierfür sind die Quadrant Homes in den USA und die Toyota Homes in Japan. Experten aus der Automobilindustrie, die kontinuierlich an Verbesserungskonzepten arbeiten, haben diese hocheffizienten und erfolgreichen Baukonstruktionsmethoden optimiert. Während Toyota Homes die Gebäudekomponenten in der Fabrik vorfertigt, produziert die amerikanische Firma die meisten Häuser vor Ort – und beide bauen damit Stick-Built-Wohnhäuser in höchster Geschwindigkeit und von bemerkenswerter Qualität. Systembau findet also nicht immer in der Fabrik statt.

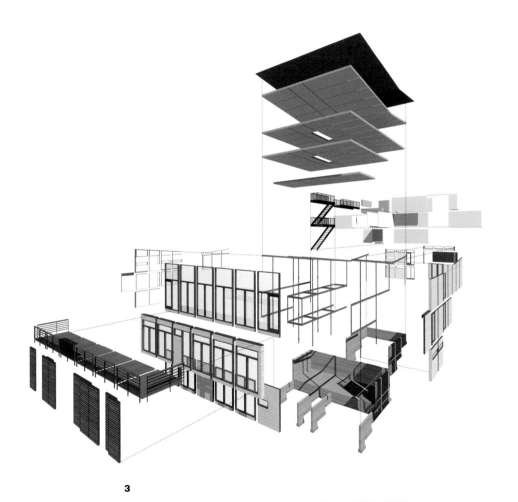

3

Wohnhaus von Parco Homes, San Francisco, Kalifornien
Viele vorgefertigte Wohnhäuser werden in verschiedensten Größen und Materialien angeboten, um individuellen Kundenwünschen entgegenzukommen. Die Explosions-axonometrie zeigt den vorgefertigten Bausatz, der vor Ort montiert wird.

4

Muster in der islamischen Bau-kunst, Alhambra, Granada
Die Geometrie gibt die Ordnung aller Linienkoordinaten vor, die zu Mustern verwebt sind. Auf die gleiche Weise setzen Bausysteme eine Ordnung für alle Subsysteme und Bauteile fest, um ein Gebäude zu formen.

Wohnungsbau und Gewerbebau

In dem vorliegenden Buch werden zwei Bauaufgaben besprochen, die unterschiedlicher kaum sein können: Wohnungsbau und Gewerbebau. Diese Bereiche wurden ausgewählt, weil dort der Grad der Vorfertigung besonders hoch ist und weil sie einen großen Anteil des gesamten Baugeschehens ausmachen.

Im Wohnungsbau sind verschiedene Faktoren marktbestimmend: Es gibt private Bauherren, die zwar einen Hang zur Individualisierung haben, aber dennoch kostengünstig und/oder mit Preisgarantie bauen möchten. Dieses Segment decken unter anderem Fertighausfirmen ab, die beispielsweise in Deutschland einen Marktanteil von 14 % haben. Zum anderen entwickeln und erschließen Bauträger komplette Gebiete neu, wo ein hoher Bedarf an Wohnungen und Häusern besteht, wie beispielsweise in den Niederlanden.

Die Bauaufgabe Gewerbebau beinhaltet Büro- und Industriebauten, an die die unterschiedlichsten Anforderungen gestellt werden. Zum einen sind das innerstädtische Bürobauten, die architektonischen und städtebaulichen Anforderungen entsprechen und eine komplexe Gebäudetechnik aufnehmen müssen. Zum anderen umfasst diese Bauaufgabe Produktions- und Lagerhallen, die, da sie oft in der Peripherie errichtet werden, sehr viel geringeren Ansprüchen an architektonischen Ausdruck und Gebäudetechnik genügen müssen.

Die architektonische Qualität, die mit Vorplanung und Vorfertigung erreicht werden kann, muss also auf die Bauaufgabe bezogen betrachtet werden. So kann im Einfamilienhausbau mit Methoden der Vorfertigung ein Verlust lokaler Typologien, Bauweisen und Materialien einhergehen. Andere Bauaufgaben, wie beispielsweise der Stadionbau,

5

Soccer City Stadium, Johannesburg, Südafrika, Boogertman + Partners, 1987/2010
2.100 Module, bestehend aus jeweils 16 Platten in verschiedenen Farben und Oberflächen, bilden eine Form, die an die afrikanische Kalebassenfrucht erinnert.

6

Soccer City Stadium, Johannesburg
Bei der Überdachung des 1987 erbauten Stadions wurden Fassadenmodule aus glasfaserverstärktem Beton der deutschen Firma Rieder eingesetzt. Detailansicht Montage.

können in hohem Maße auf Vorfertigung zurückgreifen, und da die Bausumme ein Vielfaches des Einfamilienhauses beträgt, können entwurfliche Themen im Hinblick auf Vorfertigung und Modularisierung neu entwickelt werden und ein projektindividuelles Baukastensystem bilden.

Heute können Systembauprodukte sogar organische Formen annehmen (5, 6, 9). Ohne CAD-Systeme wären die Modellierung dreidimensionaler Formen und die Informationsübermittlung an CNC-Anlagen nicht möglich. Die geodätische Kuppel (Richard Buckminster Fuller, 1954), das wellenförmige Dach des Kansai Airport (Renzo Piano, 1988–1994) und das International Terminal der Waterloo Station (7) in London (Nicholas Grimshaw, 1990–1994) waren bahnbrechende Entwicklungen der Verschmelzung von Informationstechnologie und Architektur. Greg Lynn generierte 1999 für sein Embryological House sämtliche Formen am Computer. In diesem Fall ermöglichten CAD-Systeme ein komplexes, organisches 3D-Rastersystem.

Traditionelle oder regionale Architektur schließlich kann sich durchaus mit Bausystemen verbinden. Diese Architektur, die eng mit einem Ort verbunden ist, kann sicherlich so modifiziert werden, dass sie den heutigen Baustandards für ein Haus für eine moderne Kleinfamilie in unserer industrialisierten, digitalisierten Welt entspricht. Die modernisierte regionale Architektur, die in Vorarlberg in Österreich entstand, ist dafür ein gutes Beispiel. Diese Gebäude sind auf die Bedürfnisse der modernen Familie ausgelegt und erfüllen die Anforderungen nach Energieeffizienz, wobei weiterhin lokale Materialien verwendet werden. Die kompakten und einfachen Formen der Architektur eignen sich für kleinere Familien oder Einzelpersonen, schmiegen sich aber auch in den traditionellen Zusammenhang einer Gemeinde, die früher durch Landwirtschaft geprägt war (8).

7

International Terminal, Waterloo Station, London, Nicholas Grimshaw & Partners, 1993
Das 400 m lange Dach besteht aus sich schuppenförmig überlappenden Glasscheiben in einer Standardgröße. Die zweifache Krümmung des Daches, das der Kurve der Bahngleise folgt, wird durch die Anordnung der Glasscheiben und flexible, ziehharmonikaförmige Verbindungen erzielt.

Zielsetzung

Dieses Buch hat zweierlei Zielsetzungen: Zum einen möchte es jungen Architekten den aktuellen Stand des vorgefertigten Bauens aufzuzeigen, indem die unterschiedlichen Systeme für verschiedene Bautypen und mit ihren jeweiligen Bauteilen dokumentiert werden und damit ein systematisches Bild der Vorfertigungssysteme entsteht. Zum anderen möchte es die Frage diskutieren, ob das Streben des Architekten nach individuellem und künstlerischem Ausdruck unter der Modularisierung, Kodifizierung und Wiederholung leidet, die mit vorgefertigten Bausystemen in Verbindung gebracht wird. Oder erlangen sie mehr Gestaltungsflexibilität, weil Bausysteme einen hohen Qualitätsstandard bieten?

Gliederung

Anschließend an diese Einleitung zeigt das Kapitel über die Geschichte von Bausystemen einige Meilensteine der Entwicklung auf. Die hier beschriebenen Systeme zählen dabei nicht unbedingt zu den erfolgreichsten Beispielen des Systembaus; Fehlschläge und Visionen waren genauso wichtig für die Entwicklung wie der kommerzielle Erfolg.

Die Kapitel zu Wohnungsbau und Gewerbebau dokumentieren Beispiele, die unter anderem die unterschiedlichen Konstruktionsmethoden zeigen. Das Kapitel Wohnungsbau behandelt die grundlegenden Konstruktionsarten, den Grad der Vorfertigung und deren Auswirkung auf die Baustelle. Der Gewerbebau macht den größten Teil der vorgefertigten Architektur aus. Hierbei wird unterschieden zwischen temporären Gebäuden, seriellen Bauten und Unikaten.

Das fünfte Kapitel über die Abläufe in der Fertigung eines Gebäudes behandelt Aspekte wie Planungslogistik, Produktion, Transport und Montage. Die Effizienz des Herstellers, Produktivität, Adaptionsfähigkeit und Standards sind wichtige Aspekte des Bauablaufs. Das Ziel ist es, eine Matrix von Methoden und Materialien aufzuzeigen und zu analysieren.

Das Kapitel über Bauteile klassifiziert die Gebäudetektonik aus Systemen und Subsystemen; jeder Abschnitt, wie beispielsweise das Tragwerk oder die Haustechnik, ist einer Funktion und einem Gewerk zugeordnet. Das achte und letzte Kapitel versucht einen Ausblick. Die Autoren hoffen, dem Leser einen informativen Überblick zu Bausystemen zu liefern.

8

9

Häuser in Vorarlberg, Österreich
Diese Architektur greift die regionale Formensprache auf.

Design-Ausstellung Entry 06, Essen, 2006
Diese computergenerierten, organischen Formen wurden vorgefertigt.

2 | Geschichte der Bausysteme

Was ist das grundlegende Ziel für die Verwendung von Bausystemen? Die Systematisierung einer jeden Bautechnologie zielt darauf ab, effizientere und ökonomischere Gebäude mit besserer Qualitätskontrolle zu produzieren, als das mit herkömmlichen Verfahren möglich war. Bausysteme und ihr vielfältiger architektonischer Ausdruck sind das Produkt einer spezifischen Kultur, einer Geografie, von Rohstoffvorkommen, technologischem Fortschritt und besonders den Visionen von Architekten und Ingenieuren. Daher ist es schwierig, den tatsächlichen Beginn der Verwendung von Bausystemen zu bestimmen – ebenso, wie sich schwer voraussagen lässt, was die Zukunft des Bauens mit Systemen mit sich bringen wird. Obwohl Entwicklungen in den industriellen Standards, dem Transportwesen und der Kommunikation die Technologie des Bauens bis zu einem gewissen Grad internationalisiert haben, bestehen doch weiterhin deutliche Unterschiede zwischen den verschiedenen Ländern und ihrer Einstellung zu Bausystemen.

In diesem Kapitel werden die Geschichte der Bausysteme und ihre Entwicklung in unterschiedlichen Zusammenhängen beschrieben. Die Mobilität, Flexibilität, Sicherheit und Wirtschaftlichkeit, die verschiedene Bausysteme erzielen, sind für die heutigen besseren Lebens- und Arbeitsbedingungen bedeutsam. Andererseits wurden Bausysteme auch schon immer für schnell zu errichtende, einfache Schutzbehausungen benutzt, beispielsweise nach einer Naturkatastrophe. Die in diesem Kapitel dargestellten Beispiele verdeutlichen auch, dass die Entwicklung von Bausystemen nicht nur auf Erfolgen beruhte – es gab auch teure Fehlschläge, die für das Streben nach architektonischer Qualität trotzdem wichtig waren.

Frühe Bausysteme
Mongolische Jurte

Seit über 2.000 Jahren ziehen Nomaden mit ihren Familien und Behausungen durch die Steppen der Mongolei, immer auf der Suche nach Weideland. Jurten, die traditionelle Behausung der Mongolen, sind leicht, transportabel und einfach aufzustellen (1). Die Jurten, auch Ger genannt, sind aus biegsamen Holzscherengittern, Wolldecken, Seilen aus Yak- oder Pferdehaar und Leinwand gebaut und können innerhalb von 60 Minuten aufgebaut werden. Das Material für eine Jurte wird von zwei oder drei Kamelen getragen. Die runde Form bietet optimale Flächenausnutzung, und das aerodynamische Dach leistet Windschutz. Die Wolldecken bieten Wärmeisolierung bei Temperaturen von bis zu −40 °C und die äußere Lage aus Leinen (2) Schutz vor Regen. Die Gewichts- und Größeneinschränkungen, die durch den Kameltransport vorgegeben sind, bestimmen das Bausystem Jurte.

1

Mongolische Jurte
Mongolische Jurten sind kompakt, um den Transport auf Kamelen zu vereinfachen, bieten sicheren Schutz und sind ein Symbol kultureller Tradition. Da die Nomaden zwei- bis viermal pro Jahr ihr Lager neu aufschlugen, war es für sie sehr wichtig, die Ressourcen der Steppe effizient zu nutzen.

2

Seidenmalerei „Die Geburt des Kindes", Ming-Dynastie, China, 15. Jahrhundert
Dieses Gemälde aus dem Bilderzyklus *Geschichte der Prinzessin Wen-Chi* zeigt ein mongolisches Königslager in der Wüste. Geometrisch angeordnete Leintuchbahnen erweitern den Bereich des königlichen Hofs um die Jurte und trennen ihn vom Bereich der Bediensteten. In diesem Beispiel nomadischer Architektur schafft das Gebäude, wenn auch temporär, einen Ort von hohem Ansehen.

Tatami-Matte in Japan

Die japanische Tatami-Bodenmatte ist das überarbeitete Standardmodul einer gängigen architektonischen Maßeinheit, das seit über 1.000 Jahren in Asien verwendet wird. Tatami-Matten mit den Maßen 6 shaku 3 sun (190 cm) × 3 shaku 1,5 sun (95 cm) sind die Grundlage, auf der noch heute Stützenraster, Schiebetüren, Veranden und Traufhöhe basieren. In den unterschiedlichen Regionen Japans gibt es geringfügige Größenabweichungen, aber dieses System des Bauens mit Standardmodulen hat die Standardisierung technischer und funktionaler Details vorangetrieben.

Es ist wichtig anzumerken, dass der Begriff „Modul" in der Architektur für eine Standardmaßeinheit steht, mit der die Größe von Gebäudeteilen bestimmt wird. Tatami (3–5) ist dafür ein Beispiel, genau wie Shaku (30,3 cm), das 1,25 m Modul in Deutschland oder das 2 × 4 Zoll (5,1 × 10,2 cm) Modul in den USA. Der Begriff ist hier also nicht mit dem modernen Gebrauch von „Modul" zu verwechseln, der sich auf komplett ausgestattete Einheiten bezieht, die zum Arbeiten oder Wohnen dienen.

Tatami-Matte

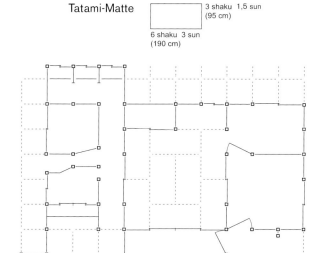

3 shaku 1,5 sun
(95 cm)

6 shaku 3 sun
(190 cm)

3

Japanisches Haus
Die Anordnung eines typischen japanischen Hauses basiert auf dem Tatami-Modul.

4

Tatami-Haus
Diese Abbildung aus dem 18. Jahrhundert zeigt modulare Komponenten, eingefügt in eine Skelettkonstruktion. Schiebetürelemente ermöglichen einen flexiblen, offenen Grundriss.

5

Tatami-Zimmer
In Japan wird die Raumgröße noch immer in Tatami gemessen. Ein Zimmer von viereinhalb Tatami hat etwa 9 m².

Industrielle Revolution und Maschinenzeitalter

Die industrielle Revolution reichte vom späten 18. Jahrhundert bis in die vierziger Jahre des 19. Jahrhunderts und war verantwortlich für eine Veränderung der technischen, sozioökonomischen und kulturellen Bedingungen. Es ist die Periode, in der die Maschine die menschliche Arbeitskraft ersetzt hat. Die Textilindustrie und die Verhüttung nahmen rapiden Aufschwung; die Dampfmaschine wurde ein Meilenstein in der Geschichte der industriellen Fertigung. Die zweite industrielle Revolution begann in den fünfziger Jahren des 19. Jahrhunderts und begründete den Aufstieg der neuen Industriemächte Deutschland und USA; diese übernahmen Konzepte aus Großbritannien und investierten stattliches Kapital. Das Transportwesen in den USA wuchs zu ungeahnten Dimensionen – mit schnelleren Schiffen und einer Eisenbahnbranche, die seit dem Verlegen der ersten massengefertigten Stahlschienen ihren Ausstoß 14-mal verdoppelte. Längere Arbeitszeiten, aber auch sicherere Straßen waren dank Gaslampen und später elektrischer Beleuchtung möglich. Wie Popkultur-Historiker Marshall McLuhan in seinem Buch *Understanding Media* (1964, dt. 1966) analysierte, hatten neue Kommunikations- und Unterhaltungs-medien wie Telefon, Radio und Kino enorme Auswirkungen auf Kultur und Gesellschaft. Die Automobilindustrie definierte das Konzept der Mobilität neu und war wesentlicher Antrieb für die Entwicklung neuer Materialien und Fertigungsverfahren (6), die noch heute im Bauwesen verwendet werden.

Der Architekturtheoretiker Reyner Banham, Chronist der Maschinenästhetik, hat die sich entfaltende Architektur des Industriezeitalters beschrieben. Im Jahr 1960, 180 Jahre nach Beginn der industriellen Revolution, schrieb er eines der einflussreichsten Bücher zu Architektur und Design: *Die Revolution der Architektur: Theorie und Gestaltung im Ersten Maschinenzeitalter.* Hierin prägte er für das frühe 20. Jahrhundert den Begriff „Erstes Maschinenzeitalter", eine Zeit, die durch Elektrizität und Licht, elektrische Haushaltsgeräte, die Schreibmaschine und das Automobil definiert ist. Fabrikgefertigte Produkte resultierten in einer „Maschinenästhetik", die auch von Walter Gropius als dem Leiter des Bauhauses im Jahr 1923 propagiert wurde und die Funktionalität und Reduktion von Design und Architektur in den Vordergrund stellte.

Massenproduktion: Vom Automobil zur Architektur

Henry Fords Ankündigung „Ich werde ein Fahrzeug für die Massen bauen" aus dem Jahr 1908 ist schon lange Realität geworden. Fords Traum, ein Automobil zu bauen, das sich der Durchschnittsamerikaner leisten konnte, wurde durch Rationalisierung der Produktion möglich. Das beinhaltete die Einführung von Fließbändern, was zu höherer Effizienz und niedrigeren Kosten führte.

7

Doppelhaus und Einfamilienhaus, Weißenhofsiedlung Stuttgart, Le Corbusier, 1927
Die industrielle Fertigung des Tragwerks und der Bauteile des Wohnhauses, zusammen mit einer reduzierten Gestaltung, bedeutete eine neue Richtung, weg vom traditionellen Denken.

6

Volkswagenwerk
Die Perfektionierung der Fließbandfertigung und der Serienproduktion in der Automobilindustrie inspirierte auch den Wohnungsbau.

Auch für Le Corbusier, zweifelsfrei der einflussreichste Architekt der Moderne, war das Automobil ein faszinierendes Objekt. Der Schweizer Architekt, Planer und Visionär schrieb in seinem Manifest *Ausblick auf eine Architektur* (1922, dt. 1926): „Das Haus ist eine Maschine zum Wohnen." (*Ausblick auf eine Architektur*, Braunschweig/Wiesbaden: Vieweg, 1982, Bauwelt Fundamente 2, S. 80). Das Maison Citrohan, im Jahr 1920 zuerst entworfen, verweist mit seinem Namen, von der Marke Citroën abgeleitet, direkt auf das Automobil. Mit anderen Worten: Das Haus ist wie ein Auto, und seine Form wird ingenieurmäßig konstruiert.

Le Corbusier träumte davon, einen Haustyp in Massenproduktion zu erstellen. Er stellte sich vor, dass Bauteile eines Hauses, genau wie beim Automobil, in Fabriken entstehen sollten; eine utopische und visionäre Idee für die damalige Zeit, aber vor dem Hintergrund der Industrialisierung nicht unlogisch (7). Seit dieser Zeit gelten der moderne Stil des Funktionalismus und die Massenfertigung von Gebäuden als fest miteinander verbunden.

Das Maison Citrohan war nur eines von vielen Prototypen, Ideen und Plänen, die unter Architekten als neu und aufregend galten. Trotzdem wurde das Konzept von vorgefertigten Wohnhäusern nicht sofort in großem Stil angenommen, weil ein solcherart verändertes Gefühl vom „Zuhause" die Bewohner beunruhigte. Modernität und Massenproduktion in der Architektur stießen in der Folge immer wieder auf Widerspruch von Konservativen, die Tradition, Handwerk und das Können des Architekten wertschätzten – alles Aspekte, von denen man dachte, dass sie mit der Serienproduktion von Häusern verloren gingen. Dieses negative Bild hemmte die Industrialisierung in der Architektur bis hinein in das Jahr 1960, als Banham seine Schriften veröffentlichte. Das Zweite Maschinenzeitalter, benannt durch den Architekturtheoretiker Martin Pawley, war auf seinem Höhepunkt: Luxusgüter wurden in Serie gefertigt (8), was dazu führte, dass sie auch für die Mittelklasse erschwinglich wurden. Es wuchs ein neues Bewusstsein für Maschinenästhetik heran, das sich in der Gestaltung elektrischer Geräte, Automobile, Möbel und Architektur manifestierte, beispielsweise im italienischen Industriedesign (9) und Stühlen und Häusern von Charles und Ray Eames – die Industrialisierung in der Architektur hingegen blieb ein vereinzeltes Phänomen.

8

**Elektrischer Rasierapparat Braun Sixtant SM2,
Gerd Alfred Müller und Hans Gugelot, 1961**
Dieses Modell wurde zu einem Inbegriff des deutschen modernen Industriedesigns und fand weltweite Verbreitung.

9

Schreibmaschine Valentine, Olivetti, Ettore Sottsass, 1969
Diese stilvolle Schreibmaschine ersetzte klotzige Geräte aus Gusseisen und war aufgrund der Massenfertigung auch erschwinglicher.

Meilensteine der Bausysteme
Amerikanischer Traum und Häuserboom

Während der zwanziger und dreißiger Jahre des vorigen Jahrhunderts herrschte in Nordamerika ein Immobilienboom, und es
wurden Häuser zu Tausenden verkauft, die per Katalog bestellt
und in kürzester Zeit in Holzständerbauweise (10) errichtet wurden. Holz gab es zur Genüge, und die Bauindustrie in den Vereinigten Staaten hatte sich extrem schnell entwickelt, seitdem
Sägewerke und massenproduzierte Nägel zur Verfügung stan-
den. Bis dahin wurde die Holzständerbauweise traditionell aus-
geübt; mit den Kataloghäusern allerdings wurde sie industriali-
siert, stan-dardisiert und systematisiert (11). Abgelängte Pfosten,
Böden, Holzverkleidung und Innenausbau gehörten zum Paket.
Hausbaufirmen wie Aladdin Homes und Sears, Roebuck and Co.
(12) waren besonders im Nordosten und Mittleren Westen des
Landes erfolgreich, wo Eisenbahnen neu verlegt wurden. Stilistisch waren die Häuser traditionell (13). Konstruktiv ähnelten sie
den herkömmlichen Leichtständerbauten, wurden aber in Rekord-
zeit errichtet und waren preiswerter (Sears behauptete, dass die
Vorfertigung 40 % der Arbeitskosten einsparte).

Neben der rasanten Zunahme von Holzwohnhäusern fand auch
das Bauen mit Gusseisen in den Vereinigten Staaten rasche Verbreitung. Die Formbarkeit des Materials erlaubte das Aufgreifen
der filigranen Formen klassischer Fassaden, sodass „traditionell"
aussehende Fassaden schnell realisiert werden konnten. In Europa wurde Gusseisen bereits eingesetzt (14); der Erfinder James
Bogardus aus New York jedoch war der Erste, der Gusseisenträ-
ger in Massenproduktion herstellen ließ.

Fortschritt in Europa

In Europa entwickelte die vorgefertigte Architektur ihre eigene
moderne Architektursprache, wie man an dem Beispiel des Maison Citrohan erkennen konnte, aber vom ökonomischen Stand-
punkt aus erlebten die Bausysteme einige Fehlstarts. Die moderne europäische Architektur ist eng mit Walter Gropius und der
Gründung des Bauhauses 1919 verknüpft, der einflussreichsten
Kunst- und Architekturschule des 20. Jahrhunderts. In enger Zusammenarbeit mit Gestaltern aus anderen Bereichen wie Pro-
duktdesign, Malerei und Bildhauerei experimentierten Architekten mit neuen architektonischen Formen für die industrielle
Produktion. Vorfertigung in der Architektur war nicht neu: Kaser-
nen aus Holz, Bauten aus Wellblech in den Kolonien und Fabriken mit fabrikmäßig hergestelltem Gusseisen waren durchaus
bekannt.

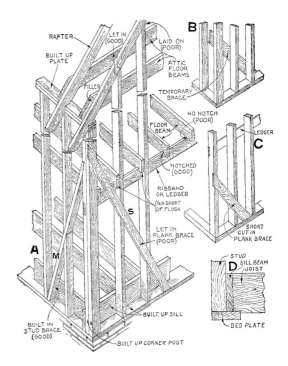

10

Holzständerbauweise
Die Holzständerkonstruktion mit „Two by Fours"
(5,1 × 10,2 cm) wurde durch die Erfindung der Dampfmaschine revolutioniert, mit der Stahlnägel und Sägewerke
möglich wurden.

11

Levittown, Pennsylvania, 1959
Ganze Vororte wurden mit vorgefertigten Häusern in Holzständerbauweise
geplant und gebaut.

12

Modern Homes Katalog, 1920
Das Titelblatt des Katalogs von Sears, Roebuck and Co. zeigt
Wohnhäuser, die innerhalb weniger Wochen nach der Bestellung
geliefert werden konnten.

Entwicklungen in Deutschland

Die Erfahrungen, die man vor dem Ersten Weltkrieg mit Beton-
plattenkonstruktionen gemacht hatte, wurden im Pilotprojekt
der Splanemann-Siedlung in Berlin-Friedrichsfelde von 1924
bis 1926 durch den Leiter der Deutschen Wohnungsgesell-
schaft (DEWOG), Martin Wagner, angewendet (15). Die Woh-
nungsknappheit nach dem Krieg erforderte alternative Baumethoden, die die damalige langsame Maurerei ablösten. Die
Großtafelbauweise des „System Occident" basierte auf einer
Adaptation der Verschalungs- und Montagemethoden mit zweigeschossigen Betonplatten des amerikanischen Ingenieurs
Grosvenor Atterbury. Die 11 × 4 m großen Platten waren nur
25 cm dick. Der Einsatz großer Kräne zum Heben der Platten
erwies sich als schwierig und unwirtschaftlich, und durch den
Trocknungsprozess kam es zu großen Ungenauigkeiten, die im
Entwurf nur unzureichend berücksichtigt waren.

14

**Gusseiserne Dachkonstruktion aus dem 19. Jahr-
hundert, Bahnhof Detmold**
Gusseisen wurde in Fabriken, Bahnhöfen und anderen
Gebäudetypen eingesetzt, bei denen größere Abstände
überspannt werden mussten. Das wurde sowohl in
Europa als auch in den USA schnell populär.

13

Modern Homes Katalog, 1934
Die Häuser im Katalog von Sears, Roebuck and Co.
kopierten im Wesentlichen Stile aus Europa.

Ernst May, Stadtbaurat von Frankfurt am Main, beschäftigte sich ebenfalls mit Atterburys Montagemethoden und entwickelte dann den „Frankfurter Plattenbau". Mit maximalen Abmessungen von 300 × 110 × 20 cm waren seine Betonplatten kleiner. Dadurch konnten sie mit kleineren Turmdrehkränen bewegt und, besonders wichtig, in der Fabrik hergestellt werden. Im Vergleich zu herkömmlichen Bauverfahren wurde die Konstruktionszeit deutlich reduziert, und bis 1930 wurden in Frankfurter Plattenbauweise etwa 1.000 Häuser erbaut. Allerdings waren die finanziellen Vorteile minimal, und die Häuser wiesen technische Probleme wie Risse und Unebenheiten im Beton sowie hohe Feuchtigkeitswerte auf. Weiterhin gab es Vorbehalte gegen die starke Standardisierung und den noch immer ungewohnten Beton. Konservative Kräfte, insbesondere die Nationalsozialisten, wandten sich gegen den Funktionalismus in der Architektur und machten die Rationalisierung der Baumethoden für die Arbeitslosigkeit verantwortlich. Die Banken zogen ihre finanzielle Unterstützung für das Projekt zurück, May verließ die Stadt, und die stadteigenen Fabriken, in denen die Häuser gebaut wurden, wurden geschlossen.

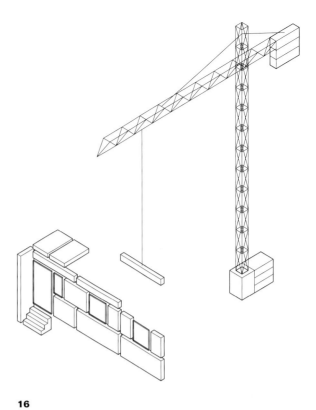

16

Montagesystem des Frankfurter Plattenbaus, Ernst May, 1926–1930
Der von Ernst May von 1926 bis 1930 entwickelte Frankfurter Plattenbau verwendete im Vergleich zur Großtafelbauweise kleinformatigere Betonplatten, die vorgefertigt waren und mit kleineren, beweglichen Kränen montiert werden konnten.

17

Frankfurter Plattenbau, Ernst May, 1926–1930, im Bau
Dieses fabrikgefertigte Haus war eine der wenigen Betonkonstruktionen, die in der Weißenhofsiedlung in Stuttgart im Jahr 1927 präsentiert wurden.

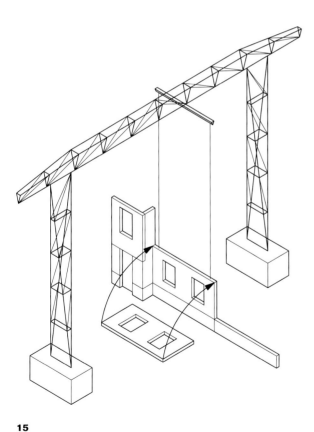

15

Großtafelbauweise bei der Splanemann-Siedlung in Berlin-Friedrichsfelde, Martin Wagner, 1924–1926
Die Großtafelbauweise verwendete zweigeschossige Betonplatten nach amerikanischem Vorbild. Trotz der technischen Probleme gilt das Verfahren als wichtiger Vorläufer für nachfolgende Plattenbausysteme.

Die Frankfurter Küche war eine der ersten massenproduzierten Küchen und ein revolutionäres Experiment. Sie ist noch heute bei der Planung von Küchen relevant. Von der Wiener Architektin Margarete Schütte-Lihotzky im Rahmen von Ernst Mays Frankfurter Wohnungsbauprojekten (16, 17) gebaut, basiert das Küchendesign auf Effizienzanalysen der weiblichen Küchenarbeit (18). Alle Elemente wurden daraufhin optimiert, redundante Bewegungen zu vermeiden und Platz in der nur 1,87 × 3,44 m kleinen Küche einzusparen. Zwischen 1926 und 1930 wurden Küchen für 15.000 Wohnungen zum Preis von jeweils 238,50 Reichsmark produziert.

Mit standardisierten Einheitsgrößen konnten Elemente beliebig zusammengestellt und ausgetauscht werden (19), ähnlich dem Fließbandprinzip in der Automobilfertigung. Noch heute bietet das 60-cm-Küchenmodul dem Kunden eine breite Auswahlmöglichkeit und gibt dem Hersteller die Sicherheit, dass einzelne Komponenten zueinander passen. Die Auffassung der Küche als ein koordiniertes Modulset erinnert an die Modularisierung der Bauindustrie (34) mit Richtlinien wie der Building Research Station (später Building Research Establishment, BRE) aus dem Jahr 1960, damals eine britische Behörde, die für Forschung, Beratung und Tests im Bausektor zuständig war.

18

Frankfurter Küche, Margarete Schütte-Lihotzky, 1926
Die massenproduzierten Küchen waren auf Zeit- und Energieersparnis ausgelegt.

19

Schachtel mit kleinformatigen Küchenkomponenten, um 1962
Der Kunde konnte mit dieser Modellküche von der niederländischen Firma Bruynzeel experimentieren und Magnetküchenteile nach Belieben platzieren. Bruynzeel produzierte die effizient geplanten Einbauküchen in Massenfertigung für Wohnungsbaugesellschaften, Architekten und den Staat.

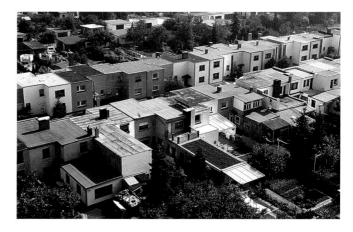

20

Versuchssiedlung Dessau-Törten, Walter Gropius, 1926–1928
Diese Variante mit tragenden Wänden und Schlackenbetonblöcken wurde vor Ort in einem optimierten Prozess gefertigt.

Von 1926 bis 1928 baute Walter Gropius im vorstädtischen Dessau-Törten mit seiner Wabenbau-Konstruktionsmethode 316 Reihenhäuser für Familien mit niedrigem Einkommen (20). Die Methode wurde ursprünglich im Bauhaus als modulares System mit einer standardisierten Schalung entwickelt, das in Gruppen von vier bis zwölf Einheiten angewandt wurde. Nachdem die Methode als unpraktisch befunden worden war, entschied er sich für eine einfachere Variante mit tragenden Wänden aus billigen, vorgefertigten Schlackenbetonblöcken und Decken mit Stahlbetonträgern. Alle Materialien wurden vor Ort gefertigt; allerdings wurden Produktion und Montage dabei optimal und fließbandartig rationalisiert. Der Rohbau für die Häuser von 57 bis 74 m² konnte in nur fünfeinhalb Stunden erstellt werden. Dennoch schlug das Projekt schließlich fehl, da die öffentlichen Vorbehalte gegen Standardisierung, harte Kanten und die technizistische Erschei-

nung der Architektur groß waren. Es schien, als könnten allein andere Architekten die Experimente im Betonbau wertschätzen.

Die Ausstellung „Die Wohnung" (21), initiiert durch den Deutschen Werkbund in Stuttgart im Jahr 1927, bildete den Höhepunkt der modernen Bewegung dieser Zeit und stellte die Weißenhofsiedlung heraus. Sie zeigte Modellhäuser für den modernen Stadtbewohner, entworfen von 17 Architekten des Neuen Bauens, einschließlich Ludwig Mies van der Rohe (der den Generalplan entwarf), Walter Gropius, Le Corbusier, Bruno Taut, Jacobus Johannes Pieter Oud und Peter Behrens. Zusätzlich zu dem Wunsch, eine neue Lebensart mit reinen Formen, optimaler Beleuchtung und übersichtlichen Räumen anzubieten, lag das Ziel darin, die Errungenschaften neuer Materialien und Konstruktionsmethoden zu demonstrieren, die Triebfedern der „Neuen Architektur". Ein paar der Häuser wurden mit Variationen von Ernst

21

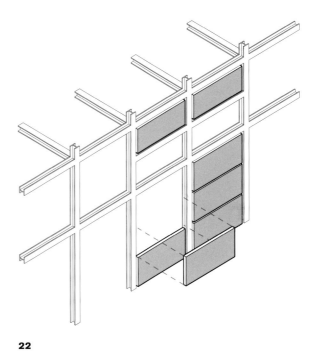

22

Haus Nr. 17, Weißenhofsiedlung Stuttgart, Walter Gropius, 1927
Gropius' Haus war eine Stahlkonstruktion mit vorgefertigten leichten Füllpaneelen. Diese neuen Konstruktionsmethoden sollten die neue, auf das Wesentliche reduzierte Wohnform ergänzen, die auf der Ausstellung vorgeschlagen wurde.

Mays Betonplattenbauten gebaut, die Mehrzahl aber basierte auf Stahlrahmenkonstruktionen mit vorgefertigten leichten Ausfachungen (22, 23). Andere Materialien, wie der Schlackenbetonblock, Klapp-Holztafeln (wie von Feifel nahe Stuttgart hergestellt) und Isolierpaneele, wurden ebenfalls verwendet. Da viele Teile in der Fabrik gefertigt wurden, konnten die 63 Wohnungen in den 21 Häusern innerhalb von 21 Wochen fertiggestellt werden. Der Besucherandrang war groß, aber schon vor der Ausstellungseröffnung stieß das architektonische Konzept auf Widerspruch beim Publikum.

23

Mehrfamilienhaus, Weißenhofsiedlung Stuttgart,
Ludwig Mies van der Rohe, 1927
Die Stahlrahmenkonstruktion von Mies van der Rohes Wohnblock
ermöglichte eine freie Einteilung der Innenräume.

24

Le Haut du Lièvre, Nancy, Bernard Zehrfuss, 1960
Der Wohnblock Le Haut du Lièvre wurde mit dem Estiot-System
unter Verwendung vorgefertigten Stahlbetons gebaut.

Plattenbau und sozialer Wohnungsbau

Die Erfahrungen, die man vor allem mit Beton vor dem Krieg gemacht hatte, wurden in den frühen sechziger Jahren des 20. Jahrhunderts in Programmen des sozialen Wohnungsbaus neu umgesetzt. Im Jahr 1970 machten großformatige Betonplattensysteme 60 % des gesamten Wohnungsbaus in der ehemaligen DDR aus, in den Achtzigern 50 % des gesamten Wohnungsbaus in Finnland und in den neunziger Jahren bemerkenswerte 75 % in der ehemaligen Sowjetunion (27, 28). Die Skelettbauweise mit Betonpaneelen erfuhr weite Verbreitung, und es wurden praktisch alle Gebäude zumindest mit vorgefertigten Treppen, Balkonen und Haustechnikeinheiten ausgestattet.

Der Plattenbau war die Antwort auf den Wohnungsmangel in der Nachkriegszeit. Er dominierte den Wohnungsbau in der ehemaligen DDR. Initiativen zur Verbesserung ökologischer oder gestalterischer Aspekte wurden ignoriert. In Leipzig wurden Kosteneinsparungen erzielt, indem nur 13 von 39 möglichen Komponenten verwendet wurden, was unvermeidlich zu Monotonie führte. Nach 1989 veränderte sich das Image von Beton zum Positiven, da Plattenbauprojekte nun fortschrittlicher ausgeführt wurden. Zum einen konnten Gebäudeteile demontiert und wiederverwendet werden, zum anderen gebaute Projekte so saniert werden, dass sie anderen Lebens- und Gemeinschaftsformen gerecht wurden. So hat der Architekt Stefan Forster einen 180 m langen Plattenbau in acht vierstöckige Stadtvillen umgewandelt, indem er eine Stockwerkshöhe und sieben vertikale Segmente entfernte (25). Heute ist der Plattenbau Grundlage für viele Diskussionen, die sich hauptsächlich mit Themen wie der Gesamtorganisation des Siedlungsbaus und dem äußerlichen Erscheinungsbild beschäftigen.

Die Corviale (26), die in den siebziger Jahren gebaute, 1 km lange Imitation von Le Corbusiers Unité d'Habitation am Stadtrand Roms für 8.000 Bewohner, konnte weder als architektonische Aussage noch als wohnungsbauliche Lösung überzeugen. Das Vorhaben war ehrgeizig, litt aber wie andere Projekte dieses Maßstabs (24) unter Vandalismus und sozialer Verwahrlosung. Das Wohnungsbauprojekt Pruitt-Igoe in St. Louis in den USA wurde aufgrund seiner sozialen Probleme und konstruktiven Mängel schließlich 1972 gesprengt und gilt heute als dramatisches Beispiel dafür, wie dieser Gebäudetyp außer Kontrolle geriet.

25

Stadtvillen Leinefelde, Deutschland, Stefan Forster Architekten, 2001–2004
Dieser DDR-Plattenbau aus den siebziger Jahren war der Ausgangspunkt für ein Erneuerungsprojekt. Der Architekt Stefan Forster wandelte das 180 m lange Plattengebäude in acht Vierebenenstadthäuser um, indem er eine Bodenstufe und sieben vertikale Segmente entfernte.

26

Wohnungsbauprojekt La Corviale, Rom, 1972–1974
Der vorgefertigte Betonwohnblock La Corviale der Architekten M. Fiorentino, F. Gorio, P. M. Lugli, G. Sterbini, M. Valori und anderer ist für seine Monumentalität und sein fehlgeschlagenes soziales Konzept bekannt. Da der Wohnkomplex gleichzeitig ein Baudenkmal der siebziger Jahre ist, gibt es Initiativen, das Projekt zu erhalten.

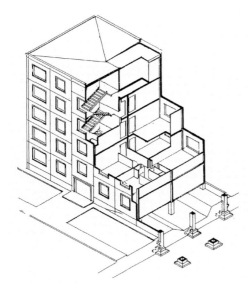

27

Aufbau des russischen Vorfertigungssystems
Die Verwendung großformatiger, geschosshoher Platten war
kennzeichnend für die Konstruktionsmethode in der ehemaligen
Sowjetunion, wo die Mehrheit der Wohnhäuser vorgefertigt war.

Entwicklungen in Großbritannien

Ein frühes Beispiel für industrialisierte Systembaukonstruktio-
nen war der Kristallpalast, entworfen von dem Gärtner Joseph
Paxton für die Weltausstellung 1851 in London (29–31). In einer
Zeit, als Gebäude überwiegend aus Steinen aufgemauert wurden, was mehrere Jahre in Anspruch nehmen konnte, wurde der
Kristallpalast innerhalb von acht Monaten entworfen, gefertigt
und montiert. Das war nur möglich, weil die Teile in der Fabrik
vorgefertigt wurden und weil Paxton die geniale Idee hatte, sich
wiederholende, selbsttragende Segmente zu verwenden, die unabhängig voneinander durch ungelernte Arbeitskräfte aufgestellt
werden konnten. Es wurden Verbundstützen eingesetzt, alle Glasscheiben basierten auf Standardmaßen, und das Tragwerk war
dementsprechend dimensioniert. Ähnlich wie im Industriebau bestand die Ausstellungshalle aus einem kompletten System von
Modulen, Elementen und Verbindungen. Die integrierte Haustechnik umfasste Entwässerung, bedienbare Lüftung und natür-
liches Licht. Die Bedeutung dieses Gebäudes liegt nicht in den
großen Ausmaßen oder der bahnbrechenden modularen vorgefertigten Eisenkonstruktion, sondern darin, dass man auf einen Prozess der Rationalisierung vertraute und diesen so aus-
weitete, dass er den gesamten Prozess von der Fabrik bis zur
Baustelle umfasste.

Das industrialisierte Bauen florierte in Großbritannien schon
vor dem Ersten Weltkrieg, da die dortige Industrie Häuser,
Kirchen, Lagerhäuser und jegliche anderen für die Kolonien in

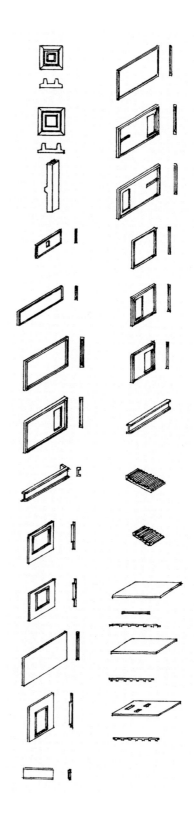

28

**Elemente im russischen Vorfertigungssystem mit
großformatigen Platten**
Um wirtschaftlich zu sein, erfordert der Systembau eine
möglichst kleine Menge unterschiedlicher Elemente, sollte
dabei aber unterschiedliche äußere Gestaltungen und
verschiedene Grundrissanordnungen ermöglichen.

Asien und Afrika notwendigen Gebäude produzierte, verpackte und verschickte. Und schon vorher bestand große Nachfrage aus Amerika durch die Erschließung des Wilden Westens, da die Baufirmen während des kalifornischen Goldrauschs von 1848 bis 1855 dem Bedarf nach schnell verfügbaren Behausungen kaum nachkommen konnten. Transportable Hütten aus Holz oder Eisen wurden in großer Zahl per Schiff versandt. Wellblech war aufgrund seines leichten Gewichts und der langen Haltbarkeit auch beliebt, wobei das Material in subtropischen Gebieten allerdings zu wenig thermisch wirksame Masse aufwies. Vor allem in England und Schottland wurden technische Fortschritte in der Qualität und der Produktion des schwereren Materials Gusseisen für Bausysteme gemacht. Die großen Spannweiten ermöglichten Konstruktionen mit großen stützenfreien Räumen, was besonders in Fabriken mit großen Maschinenanlagen von Vorteil war.

29

Kristallpalast, London, Joseph Paxton, 1851
Entworfen von dem Gärtner Joseph Paxton für die Weltausstellung, ist das Gebäude ein Musterbeispiel für den industrialisierten Systembau. Alle Module, Elemente und Verbindungen wurden in der Fabrik gefertigt.

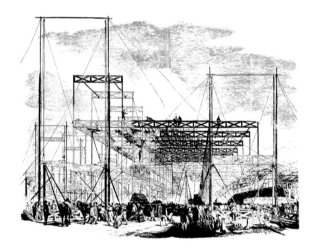

30

Module des Kristallpalasts
Alle Bauteile, bis hin zu den Fensterpfosten und Fensterflügeln, waren auf die Integration von natürlicher Belüftung, Belichtung und Entwässerung ausgelegt.

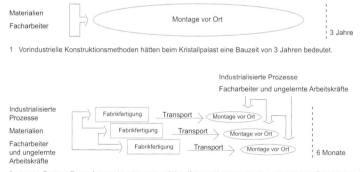

Materialien
Facharbeiter
Montage vor Ort
3 Jahre

1 Vorindustrielle Konstruktionsmethoden hätten beim Kristallpalast eine Bauzeit von 3 Jahren bedeutet.

Industrialisierte Prozesse
Facharbeiter und ungelernte Arbeitskräfte

Industrialisierte Prozesse
Materialien
Facharbeiter und ungelernte Arbeitskräfte
Fabrikfertigung — Transport — Montage vor Ort
Fabrikfertigung — Transport — Montage vor Ort
Fabrikfertigung — Transport — Montage vor Ort
6 Monate

2 Joseph Paxtons Entwurf erstreckte sich auch auf die effiziente Montage, die als systematisierte Schichtarbeit organisiert war.

31

Systematisierung beim Kristallpalast
Die fortschrittliche, systematisierte Schichtarbeit auf der Baustelle und in der Fabrik war der Schlüssel zum Erfolg für den effizienten Bau des Kristallpalasts. 2.000 Männer erbauten diese außergewöhnliche, 500 m lange und 150 m breite Halle in nur sechs Monaten.

Ungelernte Arbeitskräfte

Industrialisierte Prozesse
Materialien
Ungelernte Arbeitskräfte
Fabrikfertigung — Transport — Montage vor Ort

3 Im typischen Montageprozess beim Fertighaus können alle vorgefertigten Bauteile von ungelernten Arbeitskräften zusammengesetzt werden.

Vorfertigung im Wohnungsbau der Nachkriegszeit

Nach dem Ersten Weltkrieg war Großbritannien eines der ersten Länder, die Programme des sozialen Wohnungsbaus bezuschussten. Da ein Mangel an gelernten Arbeitskräften und herkömmlichen Baumaterialien herrschte, waren Bausysteme für die Wohnungsbaubehörden eine naheliegende Methode, schnell und effizient Wohnraum zu schaffen. Diese alternativen Bautechniken sollten aufwendige Maurerarbeiten ersetzen, die 31 % der Kosten ausmachten, und Tischlerarbeiten, deren Anteil bei weiteren 26 % lag. Viele radikal neue Systeme (wie vorgefertigte Betonrahmen oder -blöcke) wurden entwickelt und erprobt, waren aber, ähnlich wie in Deutschland, nicht so erfolgreich wie erwartet. Das lag vor allem an mangelhafter Planung, was wiederum zum Teil durch wechselhafte Unterstützung seitens der Regierung verursacht war. Technische Probleme wie Risse, Undichtigkeit und Korrosion traten auf. In beiden Ländern führten diese Probleme dazu, dass man die Technologie aufgab. Der angeschlagene Ruf der Vorfertigung überdauerte allerdings die ungelösten technischen Probleme selbst.

Nach Ende des Zweiten Weltkriegs kam es aufgrund des Mangels an Wohnraum durch die Kriegszerstörungen und die schlechten Wohnverhältnisse in den noch vorhandenen Häusern zu einem neuen Versuch mit dem vorgefertigten Wohnungsbau, diesmal mit Konzentration auf temporäre Unterkünfte. Das Arbeitsministerium in Großbritannien initiierte viele Projekte; das erste war ein vorgefertigter Bungalow, das Portal House aus dem Jahr 1944, das auf einem leichten Stahlskelett basierte. Stahl erwies sich aber als zu teuer, sodass das Portal House nie in Produktion ging. Es war aber Vorläufer für viele andere Experimente mit unterschiedlichen Konstruktionsmethoden. Dazu gehörten das Arcon mit Stahlskelett und Asbestplatten, das Uni-Seco mit Holzskelett und Asbestzementplatten und das Tarran mit einer leichten Holzskelettkonstruktion und Stahlbetonplatten. Die Massenfertigung beschleunigte den Wohnungsbau drastisch: Die Arcon-Gruppe schaffte es, einen Gebäudeabschnitt in zwölf Minuten zu fertigen, und produzierte 41.000 Häuser. Viele davon überdauerten die geplante Lebensdauer von 10 bis 15 Jahren und hätten sogar umgesetzt werden können, wie es dem eigent-

32

AIROH-Aluminiumbungalow
Die Bungalows waren komplett ausgestattet, inklusive Wasser- und Stromleitungen für Standardküchen.

lichen Entwurfskonzept entsprach. Der AIROH-Bungalow aus Aluminium war ein bedeutsamer Meilenstein der Massenfertigung (32, 33). Er wurde in einer ausrangierten Flugzeugfabrik gebaut und bestand aus vier Gebäudeteilen mit komplettem Innenausbau, die per LKW ausgeliefert und vor Ort verschraubt wurden. Die Gebäudeteile umfassten Badezimmer, Kühlschränke und Sanitärinstallationen.

1948 befand das Ministerium, dass von den neuen Systemen diejenigen, die auf großformatigen Betonplatten basierten, die billigsten seien. Nach dem Erlass des Wohnungsgesetzes von 1944 wurden mit den neuen Konstruktionsmethoden zwischen 1945 und 1948 157.000 temporäre Häuser gebaut, wovon ein Drittel AIROHs waren. Allerdings blieb diese Zahl deutlich hinter den Erwartungen zurück.

Als die Verantwortlichkeit für die Förderung des vorgefertigten Wohnungsbaus von der Regierung auf kommunale Behörden übertragen wurde, waren es vor allem die Industriestädte, die diese Systembauweise weiterverfolgten. Es entstanden Häuser für dicht bevölkerte Gebiete, im Besonderen viele Betonwohn-

türme. Das Wimpey-No-Fines-System wurde von der George Wimpey Company entwickelt und war sehr erfolgreich. Es basierte auf einem vorgefertigten Metalltragwerk mit Ortbeton, also eine Kombination aus Vorfertigung und Vor-Ort-Konstruktion. Das System bot elf Häusertypen und umfasste 27 Bausysteme, wovon die Ortbetonsysteme die beliebtesten waren. Bis 1955 wurden insgesamt 100.000 Häuser gebaut und eine etwa gleich hohe Anzahl bis weit in die siebziger Jahre hinein fertiggestellt. Das bedeutete ein Drittel des gesamten behördlich geförderten Wohnungsbaus.

Die bedeutendste Errungenschaft staatlicher Forschung in Großbritannien war die Koordination von Modulsystemen in den sechziger Jahren (34) und damit die Idee, mit allgemeingültigen Dimensionen zu bauen. Dieses Konzept war elementar für die Vernetzung modularer Systeme von vorgefertigten, austauschbaren Teilen und wäre von Privatfirmen allein nicht entwickelt worden. So konnte ein flexibles, niedriggeschossiges Wohnungsbausystem aus dem von CLASP für den Schulbau entwickelten Stahltragwerksystem gewonnen werden.

33

Montageablauf AIROH-Aluminiumbungalow
Die vier Gebäudeteile wurden per LKW angeliefert, mit einem Kran in Position gebracht und verschraubt.

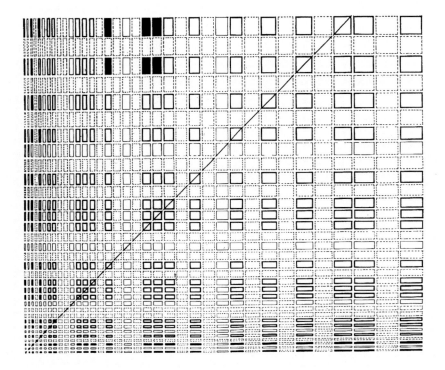

34

Moduldiagramm der Building Research Station, 1960
Dieses Diagramm wurde von der britischen BRS (später BRE) entwickelt und enthält Standard-größen für Öffnungen, um die Massenproduktion von Gebäudebauteilen zu erleichtern. Modularisierte Gebäudeelemente konnten beliebig zusammengestellt werden, und die Bauindustrie konnte sich darauf konzentrieren, Qualität zu produzieren.

Das britische großformatige Betonplattensystem (wie Bison beispielsweise) basierte auch auf Modulen. Dieses System mit vorgefertigten Betonteilen wurde hauptsächlich für große Wohnungsbauprojekte von acht bis 20 Geschossen verwendet. Es integrierte die Verkleidung, den Innenausbau sowie Elektro- und Wasserinstallationen. Das Larsen-Nielsen-System aus Dänemark wurde angepasst und in Greenwich und London vielfach gebaut.

Obwohl das zentralisierte modulare System für die Produktion vieler Gebäudetypen ein Erfolg war, ging der Systembau aufgrund veränderter staatlicher Richtlinien zurück. Technische Probleme waren nicht zu übersehen, und die Wirtschaftskrise 1967 schließlich öffnete den Blick dafür, dass der Systembau unzulänglich und zu teuer war. Besondere Aufmerksamkeit zog der Einsturz des gerade fertiggestellten 22-geschossigen Ronan Point im Jahr 1968 auf sich, der auf dem Larsen-Nielsen-Paneelsystem basierte. Nach einer Explosion im 18. Stockwerk stürzte die gesamte südöstliche Gebäudeecke ein. Obwohl 1970 bewiesen wurde, dass der Einsturz überhaupt nichts mit der Konstruktionsmethode zu tun hatte und dass der Systembau für alle Häusertypen tatsächlich preiswerter war als herkömmliche Bauweisen, erfuhr der Systembau keine weitere Unterstützung. Herkömmliche Bauverfahren gewannen wieder die Oberhand.

Die erfolgreichen Systembauten verwendeten meist ein traditionelles äußeres Erscheinungsbild, während die meisten Bausysteme mit „modernen" Formen unter einem schlechten Ruf litten. Es gibt allerdings zeitlose Beispiele aus den vergangenen 60 Jahren, die den neuen Materialien und Technologien Ausdruck verliehen und den Systembau noch heute inspirieren.

Case Study Houses

Die Case-Study-Häuser wurden von der in Los Angeles publizierten Zeitschrift *Arts & Architecture* und ihrem Herausgeber John Entenza zwischen 1945 und 1966 ins Leben gerufen. Die amerikanische Öffentlichkeit zeigte geringe Begeisterung für die neue „industrialisierte" Form des Häuserbaus. Das traditionelle Erscheinungsbild war die Norm, und die Beschäftigung der Architekten mit dem spannenden Potenzial von massenproduzierten Wohnhäusern interessierte nur wenige. In Kalifornien, wo die Grenze zwischen innen und außen klimatisch bedingt eher durchlässig ist, entwickelte sich eine offene Architektur. Architekten wie Irving Gill, Richard Neutra, Frank Lloyd Wright und Rudolph Schindler führten die traditionelle Bungalowarchitektur mit einer in Los Angeles aufgekommenen Moderne zusammen. Lateinamerikanische Einflüsse kann man in Gills Arbeit erkennen, den Internationalen Stil bei den Wiener Architekten Neutra und

Schindler und japanische Einflüsse bei Frank Lloyd Wright. John Entenza teilte zwar diese Offenheit, hatte aber gleichzeitig ein klares Ziel.

Das Ziel der Case-Study-Häuser war es, eine „gute Umgebung" zu schaffen. Aber obwohl 36 Prototypen, jeweils auf Serienfertigung ausgelegt, entworfen und gebaut wurden, führte die großzügige Gestaltung dazu, dass sich nur eine finanzielle Elite, die fortschrittliche Oberschicht, diese Häuser leisten konnte. Am konsequentesten waren die Stahlskeletthäuser, wovon das CSH Nr. 8 von Charles und Ray Eames (35, 36) die größte Berühmtheit erlangte. Die offenliegende Stahlskelett-konstruktion zeichnete sich durch große, offene Räume und ein leicht wirkendes Tragwerk aus, in das Glasscheiben und massive Paneele in verschiedenen Farben alternierend eingesetzt wurden. Obwohl das Haus im Grunde ein simpler Stahl-und-Glas-Kasten ist, machen die Möbel und die außergewöhnliche Handhabung von Material und Form es zu einem „Zuhause". Die Kombination von großen, offenen Räumen mit Wohnkomfort inspirierte Architekten weltweit. In der Folge nahmen auch Häuser, die mit älteren Verfahren wie der Holzständerbauweise gebaut wurden, modulare und innovative Formen an. Die Architekten suchten nach neuen Verfahren und einfachen, klaren Formen.

35

Case-Study-Haus Nr. 8, Charles und Ray Eames, Pacific Palisades, Los Angeles, 1945–1949
Dieser Stahl-und-Glas-Kasten steht sowohl für neue Technologien als auch für modernen Wohnkomfort. Die Fassade ist von Transparenz, Leichtigkeit und Farbe gekennzeichnet.

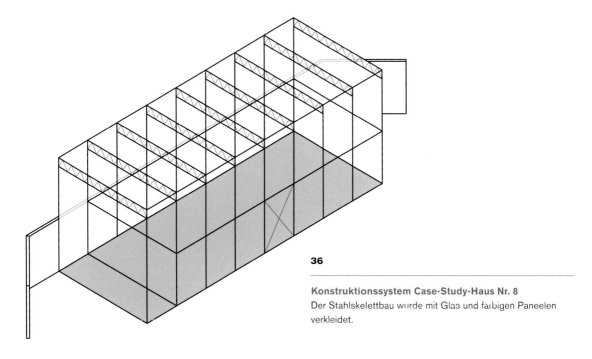

36

Konstruktionssystem Case-Study-Haus Nr. 8
Der Stahlskelettbau wurde mit Glas und farbigen Paneelen verkleidet.

Die Case-Study-Häuser hatten einen erheblichen Einfluss auf die internationale moderne Architekturszene und wirkten fort in der Hightecharchitektur in den 1980ern. Viele Erkenntnisse aus den Case Study Houses erinnern an Le Corbusiers „ehrliche" Verwendung neuer Materialien wie Stahl, Glas und Beton. Beispielsweise war es ein Novum, dass ein Gebäude mit Stahl- oder Betonstützen keine tragenden Wände mehr aufwies und dadurch relativ offene Räume ermöglichte. Der wichtigste Aspekt allerdings war die industrielle Fertigung von Bauteilen, Ausdruck einer neuen Haltung gegenüber vorgefertigter Architektur (37).

Pioniere der Vorfertigung

Die technologischen Entwicklungen und modernen Fertigungsstrategien im Systembau der Vor- und Nachkriegszeit gerieten nicht in Vergessenheit, obwohl sie nur zeitweise Erfolg hatten. Die Vorfertigung lässt sich als langer, mühsamer Prozess mit zahlreichen Höhepunkten und Misserfolgen beschreiben.

Jean Prouvé

Wenn der Systembau in seiner ureigenen Definition die Vorfertigung von Bauteilen bedeutet, die angeliefert, zu ihrer fertigen Form montiert und für die weitere Verwendung demontiert werden, so ist das Maison Tropicale von Jean Prouvé wahrscheinlich

37

Case-Study-Haus Nr. 22, Pierre Koenig, Los Angeles, 1959–1960
Diese L-förmige Stahlkonstruktion ist ein besonders konsequent reduziertes Case-Study-Haus. Alle Bauteile sind industriell gefertigte Standardelemente.

das erste Beispiel wahren Systembaus im 20. Jahrhundert. Der Prototyp, von dem nur insgesamt drei Stück entstanden, wurde in Prouvés Atelier in Frankreich gebaut, per Luftfracht verschickt und dann in Brazzaville, Kongo, im Jahr 1954 montiert. Nach einigen Sanierungsarbeiten konnten alle drei Exemplare des Maison Tropicale ungefähr ein halbes Jahrhundert später an die Ufer der Seine, des East River und der Themse gebracht und aufgebaut werden.

Das Maison Tropicale basierte auf einem 1-m-Modularsystem und wurde als Prototyp für preiswerte, einfach zu erstellende Wohnhäuser in den französischen Afrikakolonien entworfen (38–40). Der Haustyp ähnelt der japanischen Architektur; obgleich aus Metall und mit Bullaugen versehen, war er aber darauf ausgelegt, dem heiß-feuchten Klima der Tropen zu widerstehen. Die Schiebetüren aus Aluminiumblech, sonnengeschützte Terrassen und die ursprüngliche Erhöhung auf Stelzen regelten die Luftzufuhr und Sonneneinstrahlung in dem relativ gleichmäßigen Raum. Obwohl nur so wenige Häuser gebaut wurden, ist das Projekt noch immer ein wichtiges Beispiel in der Geschichte der Vorfertigung.

38

Maison Tropicale, Jean Prouvé, 1954
Dieses vorgefertigte Haus wurde zunächst im Kongo und später in Paris, New York und London aufgebaut. Dieses Exemplar steht in Queens in New York.

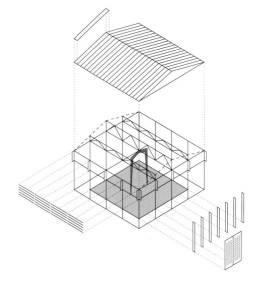

40

Maison Tropicale, Jean Prouvé, Entwurf 1949–1951
Die Teile dieses Hauses würden heutzutage zwei Schiffscontainer füllen. Außer den allergrößten tragenden Teilen ist alles aus Aluminium gefertigt. Das schwerste Teil wiegt etwa 100 kg und kann problemlos von zwei Personen gehandhabt werden.

39

Maison Tropicale, Jean Prouvé, in der Tate Modern, London, 2008
Die Präsentation in London zeigte, wie das Haus demontiert, transportiert und wieder aufgebaut werden kann.

Richard Buckminster Fuller

Richard Buckminster Fuller war Marinesoldat und ein ruheloser Erfinder, der von Geometrie fasziniert war. Zu einer Zeit, in der die meisten Amerikaner vorgefertigte traditionelle Häuser kauften, präsentierte Fuller seinen ersten Entwurf des futuristisch aussehenden Dymaxion-Hauses (1928). Es war für die Serienproduktion entworfen worden: Der zwischen zwei sechseckigen Druckringen aufgespannte Korpus wurde von einem Turm abgehängt, der modernste elektrische Geräte enthielt (41). Aluminium, damals in der Bauindustrie ein noch relativ unbekanntes Material, wurde wegen seines geringen Gewichts und seiner hohen Leistungsfähigkeit und Haltbarkeit gewählt. Die runde Form bot maximalen Platz im Verhältnis zur verwendeten Materialmenge. Die wichtigste Anforderung war, dass das Haus weniger als 3 Tonnen wiegen sollte – also so wenig wie ein Auto. Unglücklicherweise ereilte das Haus ein ähnliches Schicksal wie die meisten anderen ehrgeizigen Projekte der Vorfertigung: Die Idee konnte sich auf dem Häusermarkt nicht durchsetzen, und das Haus wurde aufgrund des hohen Aluminiumpreises nie in Serie produziert.

Mehr als ein Jahrzehnt später, in den vierziger Jahren, ließ das US-Militär eine 6 m breite Version des Gebäudes bauen, genannt DDU (Dymaxion Deployment Unit), wovon mehrere Hundert Stück hergestellt und in Einsatzgebiete im Pazifik und am Persischen Golf geflogen wurden (42, 43). Für das Militär erwiesen sie sich als erfolgreich, da die relativ neue Konstruktionsmethode, von oben nach unten zu bauen, wertvolle Bauzeit einsparte. Gebogene Verbundpaneele boten Widerstand gegen hohe Windlasten und extreme Wetterbedingungen. Außerdem konnte man die Gebäudeecken leicht tarnen, da sie kaum Schatten war-

42

Dymaxion Deployment Units, Richard Buckminster Fuller
Mehrere Hundert Exemplare dieser Variante des Dymaxion-Hauses wurden in den vierziger Jahren für das Militär gebaut. Sie wurden von oben nach unten montiert und hatten eine natürliche Lüftung.

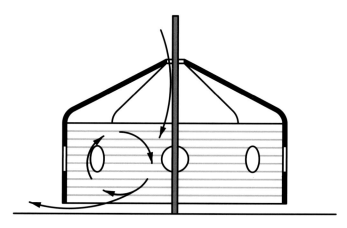

43

Diagramm der Dymaxion Deployment Unit
Die natürliche Belüftung wurde in der nichtmilitärischen Version der DDU technisch modifiziert, allerdings wurde die Funktionalität nie bewiesen.

41

Dymaxion-Haus, Richard Buckminster Fuller, 1928
Diesem futuristischen Prototyp folgten viele Varianten.

fen. Der natürliche „Kühlschrankeffekt", bei dem die erwärmte Luft über Randentlüfter herausgesogen und kühle Luft von oben eingesogen wird, wurde in den DDUs nicht eingesetzt; die Technologie fand später aber im Wichita-Haus Verwendung. Interessant ist die Ähnlichkeit zwischen der DDU und der mongolischen Jurte in Bezug auf ihre beispielhafte Baumethode und ökonomische Formgebung.

Nach Kriegsende im Jahr 1945 wurde das Dymaxion-Haus technisch weiterentwickelt und sorgfältig modifiziert. Das Ergebnis war die Dymaxion Dwelling Machine, auch bekannt als das Wichita-Haus (44). Das Haus wurde von einem Team von Flugzeugbauern, Ingenieuren und Handwerkern entwickelt und in der Beech-Aircraft-Fabrik in Wichita, Kansas, gebaut. Die 11 m breiten, dynamisch geformten Häuser konnten platzsparend verpackt und schnell aufgebaut werden. Sie sollten stapelbar sein, aber auch nebeneinander aufgebaut werden können, sodass eine Siedlung entstand. Qualität und Leistungsfähigkeit waren hervorragend. Die Innenausstattung umfasste ein aus Metall und Plastik geformtes Dymaxion-Badezimmer und großzügige, gut beleuchtete Wohnräume. Das vollständige Haus wog knapp 3 Tonnen – ein normales Haus etwa 150 Tonnen – und kostete, wie vorausgesagt, so viel wie ein Luxuswagen. Nach umfangreichen Marketingaktivitäten und öffentlicher Begeisterung erhielt die Firma 3.500 Bestellungen. Der Architekt allerdings war mit seinen Revisionen noch nicht fertig und behauptete, dass das Dymaxion-Haus weitere sieben Jahre Entwicklungszeit benötigte. Die Produktion und der gesamte visionäre Impuls, der sie geleitet hatte, liefen ins Nichts.

Konrad Wachsmann

Die Zusammenarbeit von Konrad Wachsmann und Walter Gropius nach ihrer Auswanderung in die Vereinigten Staaten resultierte in einer utopischen Vision, die reine Formen und ausgearbeitete Details zusammenfügte. Im Jahr 1942 präsentierten die zwei einen Prototyp für ein bescheidenes, aber präzise gebautes Haus in Rahmen- und Tafelbauweise. Das Packaged House (45–47) wurde genehmigt, von der Regierung finanziell großzügig unterstützt und gut vermarktet, aber bis Kriegsende verkaufte die Firma kein einziges Haus. Glücklicherweise bekam Wachsmann, diesmal ohne Gropius, eine zweite Chance mit einem staatlich geförderten Wohnungsbauprogramm für Kriegsveteranen. Noch

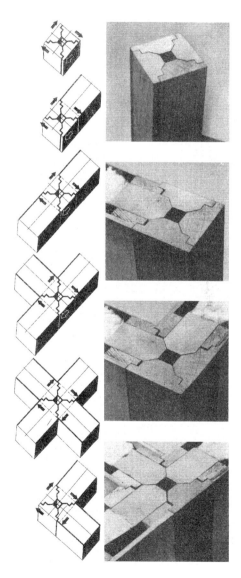

44

Wichita-Haus, Wichita, Kansas, Richard Buckminster Fuller, 1945
Die Zivilversion der Dymaxion Deployment Unit war größer und wies eine technisch fortschrittliche Innenausstattung auf, konnte aber trotzdem platzsparend verpackt und transportiert werden.

45

Verbindungsdetail des Packaged House, Konrad Wachsmann, 1942
Das Konstruktionsprinzip der nach innen gerichteten Verbindungselemente ermöglichte eine glatte äußere Oberfläche.

einmal wurde viel in eine neue Fabrikausstattung investiert und eine neue Geschäftsführung eingesetzt. Aufgrund der Erfahrungen, die er bereits in Deutschland mit dem Holzbau gemacht hatte, entwarf und entwickelte Wachsmann das System von Tafeln und Verbindungen neu. Als man zwei Jahre später mit der Produktion beginnen konnte, zog allerdings die Regierung ihre finanzielle Unterstützung zurück, und das Unternehmen wurde gestoppt. Insgesamt wurden von den 10.000 Häusern, die die General Panel Corporation pro Jahr produzieren sollte, 200 gebaut und nur einige wenige verkauft.

Fritz Haller

Mit seinem ganzheitlichen Ansatz leistete der Schweizer Architekt und Möbelbauer Fritz Haller einen bedeutenden Beitrag für die Architektur. Haller war der federführende Entwerfer der Maxi- (1963), Mini- (1969) und Midi-Bausysteme (1980) des berühmten Möbelsystems USM Haller (48) und weiterer utopischer Entwürfe. Bei den ersten drei Systemen basierten die Konstruktion, die Haustechnik und die Innenausstattung auf einem geometrischen, dreidimensionalen Raster und waren vollständig ineinander integriert. Dies ermöglichte einen hohen Grad an Variabilität, wodurch die einzelnen Gebäude sehr flexibel gestaltet werden konnten. Die drei Gebäudesysteme bieten unterschiedlich hohe Komplexität für unterschiedliche Anwendungen. Das Bausystem Midi zum Beispiel, das komplexeste der drei, besteht aus einem Stahlsystem, das für mehrgeschossige Gebäude wie Schulen, Labore und Bürobauten geeignet ist (49). Die Stahlstützen und Fachwerkträger sind mithilfe des Installationsmodells Armilla für alle Leitungen und Befestigungselemente vorbereitet.

Dieses fortschrittliche System konnte sich nie richtig durchsetzen. Zum Teil hat das mit der nichtstandardisierten Detaillierung des Gesamtsystems zu tun, die verhinderte, dass einzelne

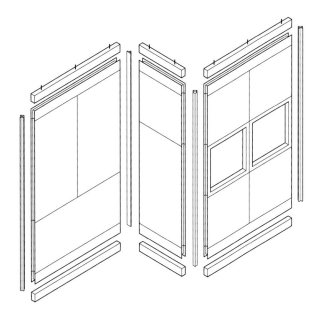

46

Konstruktionsprinzip des Packaged House, Konrad Wachsmann, 1942
Das System erlaubt verschiedenste Entwurfsvarianten, die alle auf demselben Konstruktionsprinzip basieren.

47

Ansicht des Packaged House
Nur einige dieser industriell gefertigten Häuser wurden verkauft; allerdings gewann man wertvolle Einsichten in die technologischen, wirtschaftlichen und sozialen Aspekte industrialisierten Wohnungsbaus.

Teile durch andere, handelsübliche Produkte ersetzt werden konnten und den potenziellen Kunden damit von dem System abhängig machte. Die USM-Haller-Büromöbelsysteme hingegen waren sehr viel erfolgreicher und werden noch heute produziert.

Alison und Peter Smithson

Alison und Peter Smithson aus London waren hauptsächlich für ihre Rolle in der Bewegung von Team X und dem Neuen Brutalismus bekannt. Mit ihrem House of the Future (50, 51), entworfen für die Ideal Home Exhibition in London von 1955 bis 1956, zeigte sich eine ehrliche, direkte Verwendung des Materials Plastik, die das Konzept ihrer früheren Werke aufgriff: Architektur muss sich der Situation anpassen. Zu diesem Zeitpunkt war Plastik erst etwa 50 Jahre alt und wurde der Öffentlichkeit langsam über Produkte wie das Telefon, Schallplatten, Möbel und Automobilinterieurs bekannt gemacht. Natürlich wurde es auch von der Bauindustrie entdeckt. Allerdings wurden nicht zum ersten Mal organische Formen in Gebäuden verwendet. Buckminster Fuller erfand Metallbadezimmer für das Dymaxion-Haus, Paul Rudolph experimentierte mit Beton. Das House of the Future, komplett mit eigenem Garten, war vollständig aus Kunststoff gemacht. Dahinter stand ein Entwurfskonzept mit sozialen Implikationen – durch die runden Formen wurde der für das Saubermachen notwendige Zeitaufwand drastisch reduziert; ein Indiz für die sich verändernde Rolle der emanzipierten Frau in der Gesellschaft.

48

Midi-Bausystem, Fritz Haller, 1980
Verbindung einer Stütze und der Doppel-Fachwerkträgerkonstruktion mit einer vorgefertigten Stahlkonstruktion.

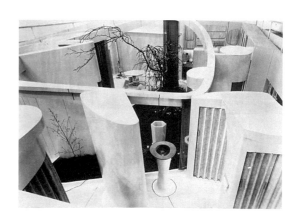

50

House of the Future, Alison und Peter Smithson, 1955–1956, Draufsicht
Der Entwurf dieses Hauses basierte auf der Verwendung von Kunststoff. Das Haus ist vollständig aus diesem Material gebaut.

49

Midi-Bausystem im Detail
Blick in die Dachkonstruktion mit der integrierten Haustechnik.

51

House of the Future, Innenansicht
Dieses Haus wurde für die Ideal Home Exhibition in London gebaut. Es besteht aus vorgefertigten Teilen und veranschaulicht die Verwendung von Plastik als Material mit geringen Wartungsanforderungen.

Paul Rudolph

Für den Brutalismus ist Paul Rudolph das amerikanische Gegenstück zu Alison und Peter Smithson. Diese Architekturbewegung war durch Sichtbeton und monolithische Formen gekennzeichnet. Die Ästhetik der Architektur ergibt sich aus der Rationalität und dem Ordnungssystem des Brutalismus. Die Triebfeder hinter dem Brutalismus ist die Unmittelbarkeit: Das Gebäude soll seinen Zweck zum Ausdruck bringen, die mechanischen Systeme sollen offen gezeigt und Materialien verwendet werden, die allein wegen ihrer funktionalen Eigenschaften ausgewählt wurden.

1968 entwarf Paul Rudolph die Oriental Masonic Gardens (52) für Familien mit niedrigem Einkommen in New Haven, Connecticut. Wohnwagenähnliche Kisten wurden per LKW vor Ort gebracht und mit Kränen zweigeschossig und in einer Windrad-Formation angeordnet, die die Gartenanlagen abgrenzte. Dieses systematisierte Wohnungsbauprojekt funktioniert auf zwei Ebenen: Rudolph nimmt sich der Bedürfnisse der Bewohner an, indem er pro Wohneinheit zimmergroße modulare Einheiten um ein Kernmodul herum anordnet. Daneben basieren Oriental Masonic Gardens auch auf einem räumlichen System, das geschützte Bereiche innerhalb des Komplexes umfasst und die Möglichkeit zur Ausbreitung bietet. Es ist eine Demokratisierung von hierarchiefreien Modulen und Räumen.

Die Temple-Street-Parkgarage, auch in New Haven, wurde nicht aus vorgeformten Betonsystemen gebaut, sie definiert aber abstrakten Formalismus in Bausystemen (53). Das Gebäude sollte eigentlich eine Länge von 256 m aufweisen und eine Straße überbrücken, aber dieser Teil blieb unvollendet. Um die horizontale Ausrichtung aufzulockern, sind die Brüstungen links und rechts jeder Doppelstütze unterbrochen und leicht zurückgesetzt. Dadurch bietet die Frontansicht auch vertikale Linien. Es ist ein rhythmisches System, das dazu benutzt wird, Teile zu gruppieren und umzugruppieren.

52

Oriental Masonic Gardens, New Haven, Paul Rudolph, 1968–1971
Die Gebäude bestehen aus Modulgruppen in einer doppelgeschossigen Windrad-Anordnung.

53

Temple-Street-Parkgarage, New Haven, Paul Rudolph, 1962
Typisch für den Brutalismus, wird die Gestaltung aus der Formbarkeit des Materials abgeleitet.

3 | Bausysteme im Wohnungsbau

Bausysteme im Wohnungsbau ist ein so weitreichendes Thema, dass es ein eigenes Kapitel verdient. Die Typologie des Wohnungsbaus war mehr Experimenten ausgesetzt als jeder andere Gebäudetyp und weist die größte Vielfalt an Standardlösungen auf. Schließlich gehört die Wohnstätte an sich zu den Grundbedürfnissen des Menschen, und Wohnbauten sind im Vergleich zu den meisten anderen Bautypen kleiner, zahlreicher und von einem weniger dauerhaften Charakter. Weil sie in großer Anzahl, zu angemessenem Preis schnell verfügbar sein müssen, bilden sie ein fruchtbares Feld für die Entwicklung von Systemen. Daher ist es nicht verwunderlich, dass viele der Meilensteine in der Geschichte der Bausysteme Beispiele aus dem Wohnungsbau sind.

Die Haltung zum Systembau, oder genauer gesagt: der Vorfertigung, unterlag schon immer großen Schwankungen. Einerseits wurden Qualität und Solidität eines Hauses von vielen Menschen mit langsamen, herkömmlicheren Baumethoden in Verbindung gebracht, die umgekehrt den Wert des Hauses untermauern. Le Corbusier sagte 1922: „Sein Haus bestellen, das ist fast so, wie sein Testament machen" (*Ausblick auf eine Architektur,* Braunschweig/Wiesbaden: Vieweg, 1982, Bauwelt Fundamente 2, S. 174), eine Auffassung, die die Entwicklung von vorgefertigtem Wohnungsbau in Ländern wie Deutschland und Großbritannien immer wieder behindert hat. Auf der anderen Seite werden in der Vorfertigung und anderen Arten des Systembaus neue Materialien verwendet, womit ältere Systeme verbessert werden können. In den Niederlanden und den USA hatten technischer Fortschritt und die Entwicklung des Systembaus eine positive Resonanz. In diesen Ländern ist es üblich, ein eigenes Haus zu besitzen, Häuser sind mehr oder weniger austauschbar, und man ist stolz, wenn man ein Haus mit ausreichend Platz, Sicherheit und einer angemessenen technischen Ausstattung hat. Wohnungen, Einfamilienhäuser und bis zu einem gewissen Grad auch Hotels erfüllen diese Anforderungen an das Zuhause und tragen zu unendlichen Kombinationsmöglichkeiten bei. Der Klarheit halber konzentriert sich dieses Kapitel auf das Einfamilienhaus.

Systembauweise im Wohnungsbau kann in die folgenden grundlegenden Konstruktionstypen unterteilt werden: Leichtskelettbauweise, Plattenbauweise, modulare und kombinierte Konstruktion (1). Die Art und Weise, wie Gebäudebauteile bereitgestellt werden, beeinflusst den Konstruktionsansatz. Die beiden scheinbar gegensätzlichen Verfahren sind Bauen vor Ort und Vorfertigung (Fabrikfertigung).

Kulturelle Unterschiede erklären die unterschiedlichen Zielsetzungen, Standards, Stile und die Rolle, die der Systembau für das Produkt „Zuhause" spielt. Ein Blick auf die Vereinigten Staaten, Großbritannien, die Niederlande, Österreich und Japan gibt Aufschluss.

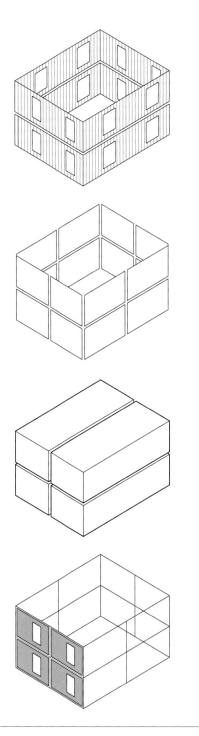

1

Systembauweise im Wohnungsbau
Die grundlegenden Konstruktionstypen sind: Skelettbau, Plattenbau, modulare und kombinierte Konstruktion.

Konstruktionstypen

Leichtskelettbau

Der Leichtskelettbau basiert auf geraden tragenden Elementen, die leicht und gleichförmig sind. Die tragenden Elemente bzw. Ständer bilden einen Rahmen aus Außenwänden. Früher sorgten diagonale Aussteifungselemente für laterale Stabilität. Inzwischen wurden diese jedoch durch sorgfältig festgenagelte steife Paneele wie Sperrholzschalung, Mineralfaserplatten oder Holzfaserplatten ersetzt, um die Scherfestigkeit zu erhöhen. Außen wird eine Verkleidung als Schutz gegen Wettereinflüsse angebracht, und die Hohlräume zwischen den Ständern werden mit weichem Dämmmaterial oder steifen Dämmplatten ausgefacht. Zwei der wichtigsten Konstruktionstypen im Skelettbau in den Vereinigten Staaten, Kanada und Skandinavien, wo Bauholz reichlich vorhanden ist, sind der Balloon Frame und Platform Frame, also geschossübergreifender und geschossweiser Skelettbau (2). Letzterer ist in diesen Ländern bis heute die vorherrschende Konstruktionsmethode.

Die ältere Balloon-Frame-Methode, die in den USA bis zum Ende der vierziger Jahre gängig war, verwendete durchgängige senkrechte Holzständer, üblicherweise 2 × 4 Zoll (5,1 × 10,2 cm) oder 2 × 6 Zoll (5,1 × 15,3 cm), die in Abständen von 16 Zoll (40,6 cm) platziert wurden. Sie reichen von der Grund- bis zur Dachplatte über maximal zwei Geschosse und tragen die Balken der Zwischendecken und die Dachsparren oder -binder. Die Ständer sind leicht und kompakt und daher einfach zu transportieren. So konstruierte Häuser konnten mit ungelernten Arbeitskräften gebaut werden. Als Holzkonstruktion hatte das System allerdings auch Nachteile, wie beispielsweise die Notwendigkeit langer Holzteile und das Schwindungsverhalten des Holzes. Der größte Nachteil aber war wohl, dass ein Brandverlauf entlang des Balkens durch Feuerschutzvorrichtungen gebremst werden musste; daher wurde dieser Konstruktionstyp in den USA in den späten vierziger Jahren aufgrund der Feuergefahr verboten. Er wurde in der Folge größtenteils durch Platform Framing ersetzt. Heute aber, da leichte Stahlbaukonstruktionen das Holz in der Balloon-Frame-Methode ersetzen, erfährt das ältere System ein Comeback.

Platform-Frame- und Balloon-Frame-Bauweise ähneln sich, aber bei Platform Frames sind die Wandelemente eingeschossig, und die Geschossdecken werden unabhängig voneinander gebaut und auf die Wandscheiben aufgelegt (3–5). So können bis zu viergeschossige Häuser gebaut werden. Für den Dachaufbau werden meist Dachbinder eingesetzt, da sie eine große Stützweite aufweisen. Viele Standardkonfigurationen erleichtern die Installation von Elektro- und Wasserleitungen. Dachbinder werden oft in der Fabrik gefertigt, um die Arbeitszeit vor Ort zu reduzieren und Formstabilität und Qualität zu garantieren. Beide Skelettbauweisen (Balloon und Platform Frame) werden normalerweise auf einer Betonfundamentplatte oder Grundmauern aufgebaut, je nach Terrain und Bodenbeschaffenheit.

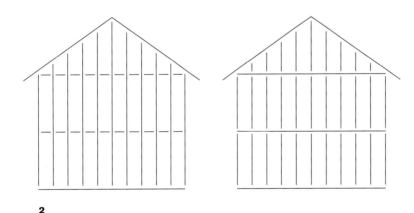

2

Balloon Frame und Platform Frame (geschossübergreifender und geschossweiser Skelettbau)
Die Diagramme der Skelettbautypen zeigen parallel verlaufende Holzständer. Beim geschossübergreifenden Skelettbau reichen die senkrechten Holzständer von der Grundplatte über die Zwischendecken bis zur Dachplatte. Beim geschossweisen Skelettbau verbinden die senkrechten, geschosshohen Holzständer die Grundplatte mit der Deckenplatte.

3

Platform Frame im Bau: das Skelett
Die Skelettkonstruktion basiert auf leichten, gleichförmigen
tragenden Elementen, die geschosshohe Plattformen bilden.

4

Platform Frame im Bau: die Hülle
Die den Raum umschließende Hülle dient dazu, dem Tragwerk
Steifigkeit und Scherfestigkeit zu geben.

5

Platform Frame im Bau: das fertige Haus
Das Konstruktionssystem wird in den USA und in Skandinavien verbreitet eingesetzt. Der Großteil der Montagearbeiten
wird vor Ort durchgeführt und erfordert keine Fachkräfte.

Plattenbauweise

Die Plattenbauweise basiert auf flachen Tragwerkselementen, die aus tragenden senkrechten Wandflächen und horizontalen Platten bestehen. Wie beim Kartenhaus ist jede tragende Wand eine Tragwerkseinheit, die die senkrechten Lasten von Boden-, Wand- und Dachsystemen aufnimmt. Dazu müssen sie Seitenlasten von unterstützten Boden- und Dachsystemen sowie Wind- und ähnlichen Lasten widerstehen. Die horizontalen Platten müssen ruhende Lasten (feste Gebäudelasten) und Gebrauchslasten (bewegliche Lasten wie Bewohner und Ausstattung) aufnehmen.

In der Plattenbauweise bestehen Deckensysteme üblicherweise aus vorgefertigten Betonbohlen oder bewehrtem Ortbeton, je nach erforderlicher Plattenform und Vorfertigungsgrad (6). Die Vorfertigung tragender Elemente ermöglicht eine bessere Kontrolle der Maßgenauigkeit und Statik. Vorgespannte Bauteile sind statisch vorteilhafter und erreichen größere Spannweiten. Geschossdecken werden im Plattenbau in einem einzigen Arbeitsschritt hergestellt, da die Konstruktion und die Oberfläche aus demselben durchgängigen Material bestehen.

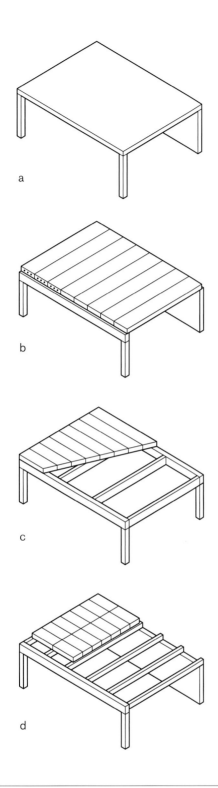

6

7

Haus Burger, Detmold, Deutschland, raum 204, 2006
Dieses Haus wurde aus großen OSB-Platten gebaut, einem ähnlichen Produkt wie das vierlagige Magnum Board oder die steifen Schaumkern-SIP-Platten, allerdings mit weniger multifunktionellen Attributen.

Zeit und Kosten bestimmten den Vorfertigungsgrad
Die große vorgefertigte Betonplatte (a) erfordert wenig Zeit vor Ort und hat nur wenige Anschlüsse; die Decken aus vorgefertigten Betonbohlen (b) sind im Transport und in der Montage einfach zu handhaben; die vorgefertigten tragenden Betondecken (c) und die vorgefertigten Tafeln (d) bieten höchste Planungsflexibilität.

Das Material Beton ist für Wandsysteme in Plattenbauweise sehr gut geeignet. Andere Materialien wie Metall (meist als Wellblech wegen der erhöhten Steifigkeit) und Holz verfügen nicht über vergleichbare statische Eigenschaften und sind nicht in den Größen verfügbar, wie sie für die Plattenbauweise erforderlich sind; sie müssen durch andere Materialien verstärkt werden. Verbundmaterialien (7) wie beispielsweise die SIP-Verbundpaneele (Structural Insulating Panel) vereinen die konstruktiven und thermischen Eigenschaften verschiedener Materialien, die in einer Sandwichkonstruktion miteinander verbunden sind (8). Hart-

schaumisolierung wird auf eine OSB-Plattenkonstruktion (Oriented Strand Board) aufgeklebt und an den Kanten versiegelt. So entstehen gut gedämmte, luftdichte Platten, die leicht und dadurch einfach zu handhaben sind und Lasten genauso gut abtragen können wie eine Holzrahmenplatte oder eine Ziegelwand. Tatsächlich sind sie einer Holzrahmenkonstruktion gar nicht so unähnlich, da die gleichen Materialien verwendet werden; allerdings sind sie technisch weiter entwickelt. Da sie sich wie Beton für die Vorfertigung und Maßanfertigung eignen, sind sie mittlerweile schon recht weit verbreitet.

8

Fertighausfabrik
In einer Fabrik in Marienmünster in Deutschland werden SIP-Verbundpaneele für den Transport vorbereitet. Bei einer Stärke von etwa 150 mm sind diese Platten dünn und leicht und weisen die für tragende Wände erforderliche Stabilität sowie gute Dämmwerte auf.

Pfosten-Riegel-Konstruktion

Die Pfosten-Riegel-Konstruktion ist eine Kombination aus verschiedenen Konstruktionsmethoden. Ein relativ großer Skelettrahmen, üblicherweise aus Stahl, Stahlbeton oder Holz, bildet die Grundkonstruktion, die mit Füllungselementen abgeschlossen wird (9–11). Da Tragwerk und Oberflächen statisch voneinander unabhängig sind, können die Füllungselemente aus verschiedenen Materialien bestehen (12) oder sich aus einer Vielzahl von Modulen zusammensetzen; sie können unterschiedlich groß sein und Öffnungen unterschiedlicher Größe aufweisen.

Und da die Füllungselemente nur die Eigenlast aufnehmen müssen, hat der Architekt viele Wahlmöglichkeiten. Die Elemente können verschiedene Farben und Texturen aufweisen, wie beispielsweise Ziegel, Aluminium, Naturstein oder Holz. In der Weißenhofsiedlung in Stuttgart verwendete Mies van der Rohe zur Ausfachung Betonblöcke, die gleichmäßig verputzt wurden, was die Konstruktion verdeckte. Die Pfosten-Riegel-Methode ist kosteneffizienter, wenn sie für größere Projekte wie Mehrfamilienhäuser eingesetzt wird, bei denen sich die tragenden Elemente häufiger wiederholen. Daher kommt sie bei Einfamilienhäusern eher selten zum Einsatz.

9

System 01: Haus E. Kaufmann, Andelsbuch, Österreich, Johannes Kaufmann und Oskar Leo Kaufmann, 1997
Das System, eine Art Pfosten-Riegel-Konstruktion, besteht aus einem Skelett aus Brettschichtholz mit Holzpaneelen sowie Verglasung.

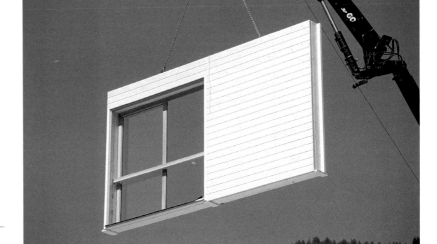

10

System 01: Haus E. Kaufmann, Andelsbuch
Ein Wandelement wird mithilfe eines Krans montiert.

11

System 01: Haus E. Kaufmann, Andelsbuch
Das fertige Haus.

12

**Modern Modular Housing, Penny Collins und
Huw Turner, Entwurf 2002**
Der Entwurf wurde für den nordamerikanischen Markt
konzipiert. Die Tragkonstruktion kann wahlweise aus
Holz oder Metall bestehen.

Vorfertigung und Bauen vor Ort
Bauen vor Ort

Bauen vor Ort bedeutet die Konstruktion eines Gebäudes und all seiner Elemente am zukünftigen Standort des Gebäudes. Holzbalken werden abgelängt und miteinander verbunden, Beton wird umschalt und gegossen, und Stahlträger werden von Hand geschweißt. Im Vergleich zum vorgefertigten Wohnungsbau wird es als die ineffizientere Baumethode angesehen. Allerdings sind die Arbeitsabläufe in einigen Ländern inzwischen hoch systematisiert. Man kann behaupten, dass das Vor-Ort-Bauen in Ländern wie den USA und den Niederlanden nicht nur ein klares Beispiel für Systembau, sondern auch genauso aufeinander abgestimmt und im selben Maße vorgefertigt ist wie ein in der Fabrik gefertigtes Haus (14).

Viele Systembauten lassen sich von ungelernten Kräften erstellen. Simpson Strong-Tie, einer der führenden US-Hersteller von Metallverbindungen für Holzkonstruktionen, bietet Holzverbinder an, bei deren Einsatz nichts mehr ausgemessen werden muss und die die Expertise von Zimmerleuten damit überflüssig machen (13). Vorgefertigte Balkenschuhe, Sparrenpfettenanker und andere Holzverbinder verbinden Elemente, verstärken Winkel, überdecken Toleranzen und eliminieren zuvor erforderliche Holzarbeiten wie Kerben und Nut-und-Feder-Verbindungen, die nur von ausgebildeten Zimmerern ausgeführt werden konnten. So wurde die Bauzeit verkürzt und die Anzahl von Fehlern vermindert, die auf menschliches Versagen zurückgehen.

Die meisten Wohnhäuser in Nordamerika werden in Leichtskelettbauweise vor Ort errichtet, während Häuser in den Niederlanden hauptsächlich aus vorgefertigten Konstruktionen bestehen. Allerdings werden Wohnhäuser in beiden Ländern sehr systematisch gebaut, oftmals mit einer effizienten Kombination beider Methoden. Der Unterschied liegt im Material: Der Groß-

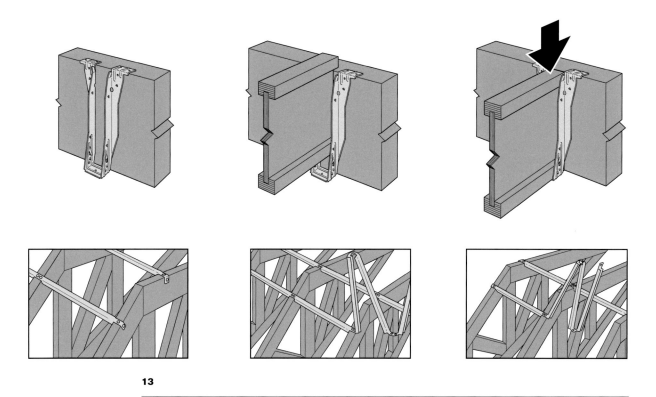

13

Bilder der Installationsschritte aus dem Simpson Strong-Tie-Katalog
Die Produkte sind so ausgelegt, dass kein Messen und Ablängen mehr erforderlich ist. Damit werden Zeit und die Kosten für ausgebildete Arbeitskräfte eingespart.

teil aller Wohnhäuser in den USA besteht aus Holz, während die meisten neuen Häuser in den Niederlanden aus Beton hergestellt werden. In den USA werden die Häuser hauptsächlich mit der Stick-Built-Methode, das heißt aus fertig zugeschnittenen Einzelteilen vor Ort gebaut; dazu werden die Holzbalken, Deckenträger, Bodenplatten, Türen, Fenster, Fensterrahmen, Treppen und Dachbinder passend zur Baustelle geliefert. Trotzdem müssen viele Arbeiten noch vor Ort durchgeführt werden, da die Tragkonstruktion, die Innenwände und die Verkleidung manuell montiert werden.

Nicht nur im Wohnungsbau wurden vorgefertigte Betonbauteile technisch perfektioniert und standardisiert, sodass sich die Vorfertigung in den Niederlanden als vorherrschende Baumethode etabliert hat (15). Die Konstruktion der Häuser basiert oft auf vorgefertigten Betonplatten oder großen Betonblöcken. Im Allgemeinen werden die übrigen Bauarbeiten, wie beispielsweise die Oberflächenbehandlung der Außenwände, auf der Baustelle durchgeführt, weil sie wenig Zeit in Anspruch nehmen und individuell verschieden sind. Die weniger strengen Baustandards in den USA und den Niederlanden (beispielsweise in Bezug auf Brandschutz, Energiestandards oder Statik) machen das Bauen um ein Vielfaches schneller und billiger als vergleichsweise in Deutschland, wo sich die langsameren Vor-Ort-Methoden halten, auch in Kombination mit der Verwendung vorgefertigter Elemente.

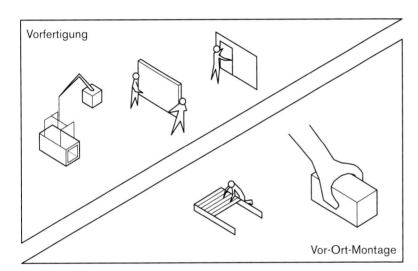

Vorfertigung

Vor-Ort-Montage

14

Vorfertigung und Bauen vor Ort
Es gibt unterschiedliche Grade von Vorfertigung und Bauen vor Ort. Das Verhältnis der beiden Verfahren ist reziprok; mehr Zeit in der Fabrik bedeutet weniger Zeit vor Ort und umgekehrt.

15

Wohnungsbau in Burgh-Haamstede, Niederlande
In den Niederlanden erleichtert die Kombination von Vorfertigung und Vor-Ort-Bauweise die Koordination der einzelnen Gewerke.

Vorfertigung

Die Vorteile der Vorfertigung von Bauelementen in einer kontrollierten Umgebung sind erheblich: verringerte Arbeits- und Bauzeit auf der Baustelle, ganzjährig optimale Arbeitsbedingungen in der Fabrik und Maßhaltigkeit sowie bessere Qualität der Bauteile. Zwar erzeugt die Vorfertigung höhere Transportkosten, aber andererseits wird die Vor-Ort-Arbeit reduziert, die insbesondere bei innerstädtischen Baustellen ein großer Kostenfaktor ist. Da die Vorfertigung den Produktionsprozess erheblich beschleunigt, erfolgt der Kapitalrückfluss an den Immobilieninvestor früher als beim herkömmlichen Hausbau. Daher wird Vorfertigung in städtischen Gebieten vielfach eingesetzt, sowohl im Wohnungsbau wie anderweitig. Typisch für städtische Grundstücke sind Platzbeschränkungen; das Bauen von Einfamilienhäusern in Vororten oder ländlichen Gegenden unterliegt diesen in viel geringerem Maße. Allerdings gibt es auch hier Situationen, in denen die Vorfertigung eine attraktive Alternative ist, beispielsweise wenn Häuser in hoher Dichte und schnell errichtet werden sollen. Für den Bauherrn eines Einfamilienhauses sind die Festpreise der Baufirmen wichtig, die wiederum erst durch Vorfertigung möglich werden.

Praktische Anwendung und individualisierte Massenanfertigung gehören zu den Hauptzielen der Standardisierung, und diese ist ein essenzieller Aspekt für die Produktion und Auswahl von vorgefertigten Bauteilen. Bauteile wie Fassadenelemente oder Fenster und Türen sowie tragende Elemente wie Holzbalken und Stahlträger werden nicht nur standardisiert, um die industrielle Massenproduktion überhaupt zu ermöglichen, sondern auch so aufeinander abgestimmt, dass die Konstruktion vereinfacht wird und verschiedene entwurfliche Varianten angeboten werden können.

Die Verwendung der Begriffe Systembau, Vorfertigung und Standardisierung ist häufig unscharf. Umfassende vorgefertigte Systeme wie Kaufmanns System 01 (16, 17) ermöglichen einmalige Lösungen, die industriell gefertigte Standardprodukte nicht bieten können. Ein vorgefertigtes Gebäude schließt oftmals Standardelemente ein, jedoch ist ein individuell gefertigtes Haus, das aus industriell gefertigten Standardelementen besteht, nicht unbedingt ein Fertighaus. Eine systematisierte Baumethode, ob mit oder ohne Standardelemente, umfasst eine zentrale Qualitätskontrolle.

16

System 01, Johannes Kaufmann und Oskar Leo Kaufmann
Die Bauteile werden in der Fabrik unter kontrollierten Bedingungen gefertigt.

17

System 01, Transport
Die Abmessungen der Teile werden von der Straßenbreite, dem Transportfahrzeug und den Verkehrsvorschriften der einzelnen Länder bestimmt.

Selbstbausätze

Wenn ein Haus als fertiges Produkt und als Montagesatz zum Eigenbau geliefert würde, so wäre das Durchschnittsalter von Hausbesitzern vielleicht sehr viel niedriger. Diejenigen, die sich für ein Flatpack-System entscheiden, überspringen die Planungsphase und sparen Kosten durch den Selbstbau. Alternativ kann ein zukünftiger Hausbesitzer einen Architekten engagieren, eine Baugenehmigung einholen und das Haus dann aus industriell gefertigten Standardteilen bauen. Es gibt verschiedene Entwurfslösungen für unterschiedliche Bedürfnisse.

Selbstmontage ist eine Lösung für junge Leute oder solche mit handwerklichem Talent (18, 19). Der englische Ausdruck Flatpack verdeutlicht, wie solche Systembauteile angeliefert werden – als bereits zugeschnittene, flache und kompakt gestapelte Platten. Die Bauteile werden in der Fabrik gefertigt, effizient und platzsparend verpackt und schließlich auf der Baustelle montiert.

Seit 2004 bietet der japanische Hersteller für Home- und Lifestyle-Produkte Muji komplett entworfene Häuser an; eines der drei verfügbaren Modelle wurde von Kazuhiko Namba gestaltet (20). Die Muji-Häuser werden auf der gleichen Basis wie die Einrich-

tungsgegenstände vermarktet. Mujis Prinzip einfachen Designs in guter Qualität und das Eigenbaukonzept von IKEA spiegeln sich in diesen Häusern zur Selbstmontage mit Vor-Ort-Lieferung. In Japan wie in Schweden, Heimat des IKEA-BoKlok-Hauses, beträgt der Anteil an vorgefertigten Häusern etwa 90 % des gesamten Häuserbestandes. Die Gestaltung dieser Häuser greifen die Schlichtheit traditioneller Häuser auf.

18

DIY-Haus, San Francisco, Endres Ware, 2007
Das Selbstmontagehaus (Do-It-Yourself) kann mit einfachen Werkzeugen und ohne handwerkliche Ausbildung innerhalb von zwei Wochen aufgebaut werden.

19

DIY-Haus, San Francisco
Der Entwurf ist auf die lang gestreckten Grundstücke in den vorstädtischen Vierteln ausgelegt und zielt auf Bauherren mit mittlerem Einkommen und modernem Geschmack ab.

20

Muji+Infill-Haus, Japan, Kazuhiko Namba, 2004
Neben anderen Produkten in minimalistischer Ästhetik wie Möbel, Badezimmer- und Büroartikel sowie Kleidung wird das vorgefertigte Musterhaus in einem Muji-Geschätt in Japan in Originalgröße präsentiert.

Modulares Bauen

Seit dem Beginn der modernen Vorfertigung bezieht sich modulares Bauen nicht mehr nur auf das Verfahren, in einem Raster und mit Standardmaßen zu bauen, sondern auch auf die Vorfertigung von ganzen Gebäudeeinheiten. Module sind dreidimensionale Einheiten, die als unabhängige Elemente oder als Teilbereiche verwendet werden, indem sie aufeinandergestapelt oder nebeneinander angeordnet werden, um einen Raum zu erweitern. Das Modul ist die weitestgehende Form der Vorfertigung; es wird üblicherweise zu etwa 95 % in der Fabrik voll ausgestattet mit den wichtigsten Küchen- und Badezimmereinrichtungen, Abstellflächen und Wohnräumen und dann für den Transport verpackt. Der größte Vorteil des modularen Bauens ist, dass das Haus bezugsbereit ist, sobald Strom und Wasser angeschlossen sind.

Verglichen mit anderen Vorfertigungsarten ist dies die aufwendigste und technisch komplexeste Methode, weil ganze Räume transportiert werden müssen. Das Maximalgewicht wird durch die Ladekapazität der Lastwagen, Züge oder Hubschrauber bestimmt und die Größe der Module durch die Straßenbreite und Containerstandardgrößen. In vielen Ländern liegt die maximale Breite für Straßentransporte bei 2,55 m; bei breiteren Einheiten ist eine Sondergenehmigung erforderlich. Die Module werden normalerweise mit Kränen platziert und vor Ort verankert. Durch das Heben wirken auf die Einheiten unter anderem Biege- und Scherkräfte ein, anders als nach ihrer Montage. Die deswegen notwendige konstruktive Verstärkung sowie die doppelten Boden-, Dach- und Wandkonstruktionen an den angrenzenden Stellen der Einheiten erfordern größere Materialmengen.

Die sogenannten Trailer Homes in den USA sind seit ihrem Aufkommen in den 1930er Jahren noch immer populär. Im Grunde genommen sind sie Module auf Rädern. Solche industriell gefertigten Wohnhäuser sind ein Ausdruck der Betrachtung

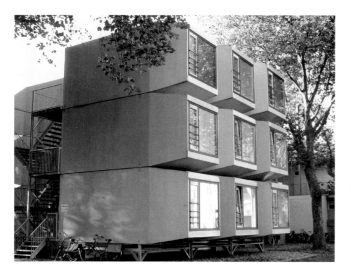

21

Spacebox, Delft, Niederlande, Mart de Jong / DeVijf, 2003
Dieses stapelbare, containerähnliche Studentenwohnheim von Holland Composite ist eine reizvolle und unkomplizierte Lösung für Studentenunterkünfte, die schnell zur Verfügung stehen müssen.

22

Loftcube, Berlin, Werner Aisslinger, 2007
Der luxuriöse Wohnwürfel hat einen Grundriss von bis zu 39 m² und kann als Feriendomizil oder Penthouse in der Stadt genutzt werden.

des Hauses als Produkt. Die gleichfalls futuristische Idee des Wohnens in Kapseln wurde in den siebziger Jahren des 20. Jahrhunderts mit den Nakagin-Kapseln in Tokio (Kisho Kurokawa, 1972) und dem Kapselhotel (Kisho Kurokawa, 1979) in Osaka zur Realität. Nicht zufällig sind beide Beispiele in Japan, wo die Grundstückspreise derart hoch sind, dass enge Wohnräume üblich sind. Die elementarste Form des modularen Bauens bilden Schiffscontainer. Ausgestattet mit geeigneter Dämmung und Haustechnik, werden sie aufeinander oder in ein Rahmengerüst gestapelt und können als temporäre Wohnstätten wie Studenten- oder Asylantenwohnheime (21) dienen. Das Ausstattungsniveau reicht von kahl bis luxuriös, aber das Konzept vom Wohnen in einer Box kann einen gewissen ästhetischen Reiz haben (22).

Bei der Erweiterung des Hotels Post in Bezau (23, 24) in Österreich überwogen die Vorteile des Bauens mit Modulen klar die Nachteile. Erstens hätten die kalten Wetterbedingungen des alpinen Winters und das bergige Terrain kontinuierliche Bauarbeiten sehr behindert. Zweitens mussten die Baumaßnahmen so kurz wie möglich gehalten werden, um den ganzjährigen Betrieb dieses Luxushotels nicht zu beeinträchtigen. Drittens erforderte der hohe Qualitätsanspruch der Innenausstattung spezielle Werkzeuge und eine präzise Kontrolle. In diesem Fall betrug die Transportdistanz nur 2 km; und die voneinander unabhängigen Boden- und Deckensysteme bieten exzellenten Schallschutz für die Gäste.

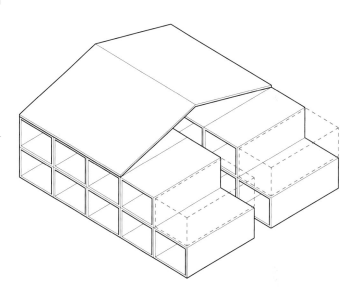

23

**Erweiterung Hotel Post, Bezau, Österreich,
Oskar Leo Kaufmann und Albert Ruf, 1998**
Gebäudemodule sind die kompletteste Form der Vorfertigung. Die Module sind voll ausgestattet, werden mit einem Kran positioniert und an Strom- und Wasserleitungen angeschlossen.

24

Erweiterung Hotel Post, Bezau
Das System besteht aus einem Rahmengerüst, den Modulen und einem Dach als Schutzvorrichtung.

Wohnungsbausysteme
in verschiedenen Ländern
USA

Der Wohnungsbau in den USA weist eine große Vielfalt an architektonischen Stilrichtungen auf. Der Stil, der am häufigsten für leichten Skelettbau (Ständerbauweise) verwendet wird, ist eine modifizierte Form des traditionellen nordamerikanischen Hauses: Veranda, Fassade mit neoklassizistischen Ornamenten und Schrägdach. Der leichte Skelettbau ist ein hocheffizienter, systematisierter Prozess und gehört damit zum Systembau, obwohl die eigentlichen Bauarbeiten vor Ort durchgeführt werden. Dahingegen ist ein Haus, das als vorgefertigt (also „Prefab") kategorisiert wird, fest mit moderner Architektur verknüpft, also: minimalistische Formensprache und meistens ein Flachdach. Auch solche Häuser basieren auf den bekannten Bausystemen, werden aber hauptsächlich in der Fabrik gebaut.

Stick-Frame-Häuser

Bemerkenswerterweise haben 95 % aller Hausbesitzer in den USA nie mit einem Architekten gesprochen, weil ihre Stick-Frame-Häuser von Bauunternehmern gebaut wurden und weil der Immobilienmarkt gut ohne Architekten auskommt. Beinahe alle Holz- und Stahlelemente, Anschlüsse, Fassadenbauteile und Bauteile wie Treppen, Dach und mechanische Systeme sind standardisiert und werden industriell gefertigt. Stilmerkmale wie Giebel, Säulen, Portiken und eine unendliche Fülle von Fassadenverblendungen werden wie Masken auf die Grundkonstruktion aufgebracht. Im Gegensatz zu früher, wo das Bauen vor Ort als unsystematische und ineffiziente Baumethode angesehen wurde, hat es sich zu einem durchorganisierten System entwickelt, mit dem traditionell aussehende Häuser innerhalb weniger Monate wie am Fließband produziert werden.

Die Methode, bestimmte Gestaltungsmerkmale einfach auf ein Stick-Frame-Haus zu applizieren, bietet US-amerikanischen Hauseigentümern genau das, was sie möchten – innen Platz und technischen Komfort und außen ein heimeliges Erscheinungsbild –, zu einem erschwinglichen Preis. Im Immobilienmarkt werden Häuser als Produkte mit einem bestimmten Wiederverkaufswert präsentiert. Wie vielfältig die Stile auch sein mögen, die überwältigende Tendenz geht hin zum traditionellen, wenig kreativen Haustyp. Einzelne Stile werden vage mit Begriffen wie georgianisch, spanisch-kolonial, mediterran, viktorianisch und neogriechisch bezeichnet und können auch noch miteinander kombiniert werden (26).

Quadrant Homes ist eines der profitabelsten Hausbauunternehmen in den USA. Sein Erfolg basiert auf der Adaption von Eiji Toyodas Lean-Prinzipien. Das Unternehmen wurde 1969 in Seattle gegründet und hat allein im Jahr 2003 über 1.000 Häuser verkauft und damit über 250 Millionen Dollar Umsatz gemacht. Bis 1996 produzierte und lagerte Quadrant Bauelemente (Built-to-Stock); heute dagegen produziert die Firma nach Auftragseingang (Built-to-Order). Das Unternehmen wendet eine ansprechende Marketingstrategie an, die Hauskäufern viele Auswahlmöglichkeiten, hohe Qualität und statische und technische Sicherheit bietet. Individuelle Anpassung wird durch die Pla-

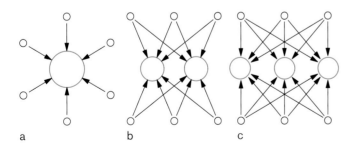

a   b   c

25

Die Fertighausindustrie in verschiedenen Ländern
Während der Hausbau in Japan (a) monopolistisch organisiert ist, bietet das ausgewogene Verhältnis von Bauträgern und Bauunternehmern wie in den Niederlanden oder den USA (b) mehr Qualitätsoptionen. Die deutsche und österreichische Fertighausindustrie ist dezentral (c), breit gefächert und begünstigt daher unabhängige Baufirmen.

26

Windermere, Forsyth County, Georgia, USA
700 Wohnhäuser sprossen in dieser gepflegten Wohnsiedlung aus dem Boden, deren Bau im Jahr 2002 begonnen wurde. Ein Sammelsurium verschiedener Stilelemente in einer einzigen Straße, oder sogar an einem einzelnen Haus, ist nicht unüblich.

nungssoftware leicht gemacht. Jedes dieser Häuser wird in Holzskelettbauweise vor Ort innerhalb von 54 Tagen erbaut. Die Arbeit ist so synchronisiert, dass jede Bauphase auf sechs Häuser pro Tag ausgerichtet ist. Dieses Beispiel des Systembaus ist praktisch ein umgekehrtes Fließband – die verschiedenen Arbeitsschritte der „Fabrik" wandern von Haus zu Haus.

Vorgefertigter Hausbau

Internetseiten wie www.fabprefab.com und www.prefabs.com wecken Aufmerksamkeit und verbreiten den Trend zum vorgefertigten Hausbau in der modernen Architektur (28, 29). Insider suchen bei Trendsettern wie der Zeitschrift *Dwell* nach Inspiration. Für diejenigen, die sich für vorgefertigte Häuser interessieren, sind amerikanische Architekten wie Michelle Kaufmann, Rocio Romero (27) und Marmol Radziner and Associates keine Unbekannten. Diese Internetseiten zeigen dem potenziellen Hauseigentümer (ob eines Fertighauses oder nicht) eine Vielfalt an Materialien, Anordnungen und Größen. Auch kann man sich den Gesamtpreis anzeigen lassen, allerdings ohne Fundament und Erschließung. Fabprefab, eine Plattform für Fertighäuser auf der ganzen Welt, beweist, dass das Interesse an Vorfertigung ein globales Phänomen ist.

Wie gehen Architekten in den USA bei der Konzeption, Entwicklung, dem Marketing und Bauen von vorgefertigten Häusern vor? Das Geschäft mit vorgefertigter Architektur ist eine Herausforderung. Üblicherweise entwickelt der Architekt ein Konzept, sucht sich eine Baufirma, die einen Prototyp finanziert und baut, und dann einen Bauunternehmer, der das Produkt fertigen lässt. Eine andere Strategie gibt dem Bauunternehmer die zentrale Rolle. Der Bauunternehmer als derjenige, der sich mit den Fluktuationen im Immobilienmarkt auskennt und normalerweise mehr Kapital im Rücken hat, sucht sich einen Architekten, der ihm ein serientaugliches Haus entwirft, und eine Baufirma, die die Systemkomponenten produziert, lässt dann einen Prototyp bauen und organisiert die Vermarktung. Das Bauunternehmen Living Homes in Santa Monica, Kalifornien, beispielsweise arbeitet nach dieser Strategie. Sie beschäftigen einige Architekten und gewährleisten so die erforderliche Expertise bei Bau und Ma-

28

Abiquiu House, Abiquiu, New Mexico, Anderson Anderson Architecture, 2009
Das Haus wurde mit leicht verfügbaren, vorgefertigten Elementen und Industrieprodukten gebaut – allerdings ist es streng genommen kein Fertighaus, sondern eher ein Einzelentwurf.

27

LV Series Home, Perryville, Missouri, Rocio Romero, 2000
Das minimalistische LV Series Home basiert auf einem in der Fabrik gefertigten Bausatz. Es wird aus Stahlstützen und OSB-Platten gebaut und ist eine einfache, langlebige, umweltfreundliche und kosteneffiziente Lösung, bei der Gestaltung und technische Ausstattung variabel ausgeführt werden können.

nagement. Eine andere Firma, Parco Homes, wird von einem Architekten geleitet, der von Immobilienmaklern, Ingenieuren und Marketingfachleuten unterstützt wird. Auf diese Weise wird das Fertighaus entworfen und entwickelt, und alle Aspekte des Produkts einschließlich Produktion und Marketing werden berück-sichtigt, um eine umfassende Qualitätskontrolle sicherzustellen. Grundsätzlich kann der Architekt das vorgefertigte Produkt nicht alleine produzieren; er braucht einen Geschäftspartner, weil das vorgefertigte Haus ein Fabrikprodukt ist, das mit gutem Design alleine nicht zu verkaufen ist (30).

29

Johnson Creek weeHouse, Honesdale, Pennsylvania, Alchemy Architects, 2008
Der Entwurf für das weeHouse basiert auf komplett ausgestatteten Modulen von der Größe eines Schiffscontainers. Seit 2002 sind ungefähr 20 Häuser diesen Typs gebaut worden – mit unterschiedlichen Fassadenmaterialien und Modulkombinationen.

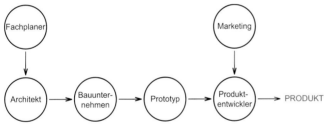

a Lineare Anordnung

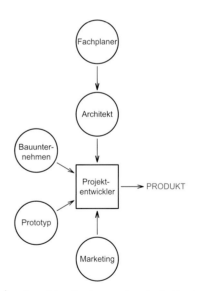

b Zentralisierte Anordnung rund um den Projektentwickler (Beispiel Living Homes)

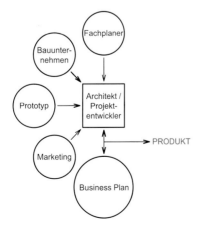

c Zentralisierte Anordnung rund um den Architekten und Projektentwickler (Beispiel Parco Homes)

30

Strategien zur Vermarktung des vorgefertigten Hauses
Marketingstrategien für vorgefertigte Häuser mit linearer (a) und zentralisierter (b, c) Anordnung.

Niederlande

Die Niederländer haben seit den 1930er Jahren Tausende Hektar Land aus der Zuider Zee gewonnen und eine progressive städtebauliche Planung betrieben. Die staatliche Planung zielte auf eine ausgewogene Berücksichtigung von Wohnungsbau, wirtschaftlichen Interessen, Naturerhalt und Infrastruktur ab. Eine der wichtigsten Errungenschaften ist die Anzahl von Wohneinheiten, die seit dem Zweiten Weltkrieg von der Regierung finanziell gefördert oder gebaut wurden – ungefähr 80 % des gegenwärtigen Bestands von 7 Millionen Wohnhäusern. Dies wäre ohne die konstante Weiterentwicklung und Verwendung von industriell vorgefertigten Bauteilen nicht möglich gewesen.

Die Bevölkerungszahl von 16 Millionen ist relativ gering, aber es gibt auch nur wenige für den Bau verfügbare Flächen, da 61 % für die Landwirtschaft genutzt werden und 19 % von Wasser bedeckt sind. Die Bevölkerungsdichte von 483 Einwohnern pro Quadratkilometer ist höher als die Japans (323/km²), mit ähnlich dicht bebauten Gebieten. Das ist der Grund für die Politik des verdichteten Bauens der niederländischen Regierung, wie sie in Projekten wie dem Bijlmermeer, einer in den sechziger Jahren gebauten Wohnsiedlung im Südosten Amsterdams, realisiert wurde. Zwei Drittel der 7 Millionen Wohnhäuser in den Niederlanden sind Reihenhäuser; die meisten anderen sind mehrgeschossige Mehrfamilienhäuser. Hier besteht ein großer Unterschied zu den Vorstädten in den USA einerseits, wo Einfamilienhäuser vorherrschen, und der viel höheren Dichte der Wohnhochhäuser in anderen Ländern Europas andererseits. Zum Vergleich: 53 % aller Deutschen leben in Mehrfamilienhäusern und die meisten anderen in Einfamilienhäusern.

Niederländische Hausbesitzer und Mieter (ungefähr 35 % der Wohngebäude gehören zum sozialen Wohnungsbau, zumeist im Besitz von Wohnungsbaugesellschaften) stehen architektonischen Experimenten offen gegenüber (31). Zwar wurden bis in die 1990er Jahre die meisten Bauteile in solch großen Mengen vorgefertigt, dass die Häuser gleichförmig und monoton wirkten. Allerdings konnten Architekten und Planer dank staatlicher Wohnbauförderung Bausysteme entwickeln, hauptsächlich aus Beton, die den Bauprozess vor Ort vereinfachten, Zeit und Kosten einsparten und mehr Variationen ermöglichten. Ein frischer Wind blies durch Städte wie Almere und brachte viele architektonische Experimente mit sich. Seit den sechziger Jahren wurden Almere und andere Neuansiedlungen gebaut, um die Verdichtung in den alten Städten zu mildern. Almere wuchs seit ihren Anfängen 1975 von wenigen Einwohnern auf 180.000 an und kann sich einer interessanten Architektur rühmen (32).

31

Wohnbausiedlung Woonhof De Dolphijn, Middelburg, Niederlande, Fierloos Architecten, 2002
Das enge Nebeneinander identischer Häuser ist typisch für niederländische Wohnsiedlungen.

32

Typische Wohnsiedlung in Almere, Niederlande
Diese 1975 gegründete Stadt weist viele architektonische Experimente und unkonventionelle Lösungen auf, um die 180.000 Einwohner zu beherbergen.

33

Haus Modell Sorest, Toyota Homes
Diese modularen Wohnhäuser werden am Fließband in einer Fabrik gebaut
und in 45 Tagen vor Ort montiert. Wie bei den meisten anderen Anbietern
sind Toyota Homes in verschiedenen Größen, Stilrichtungen und Preis-
kategorien zu haben und bieten Zusatzleistungen wie eine Aufladestation
für umweltfreundliche Hybridautos.

Japan

Neben den Niederlanden und Schweden ist Japan eines der
wichtigsten Zentren für Vorfertigung, da dort 90 % aller Einfamilienhäuser (1,25 Millionen Häuser pro Jahr) in der Fabrik gebaut
werden. Eine Handvoll großer Firmen, die oft aus anderen Bran-
chen kommen (wie Mitsui, Sekisui Chemical und verschiedene
Supermarktketten), haben ihr Produktsortiment um vorgefertigten
Hausbau erweitert (25). In den vergangenen Jahrzehnten deckten
sie fast den gesamten Fertighausmarkt in Japan ab (33). In Aus-
stellungen werden Häuser aus vorgeformten Betonteilen, Stahl-
und Holzrahmenkonstruktionen sowie als Holz- oder Stahl-Leicht-
skelettbau gezeigt. Vollautomatisierte Hausfabriken wie Daiwa
setzen sowohl Roboter als auch menschliche Arbeitskräfte ein
und bauen damit ein vollständiges Haus in nur fünf Stunden.
Was in der traditionellen Architektur komplizierte Holzverbindungen erfordert, kann in der Vorfertigung durch standardisierte
Konstruktionsdetails wie nahtlose Anschlüsse gelöst werden –
dies reduziert gleichzeitig den Materialeinsatz Die erdbeben-
sicheren Häuser von Mitsui Isolation Systems ersetzen feste
Verbindungen mit dem Fundament durch teilweise kugelgelager-
te Verbindungen. Außerdem finden sich im Produkt Wohnhaus
modernste Unterhaltungselektronik, sensorgesteuerte Wohnum-
gebungen und Technologien aus der Automobilindustrie wie Elektrizität produzierende Brennstoffzellen und Vibrationsdämpfer.
Die Fertighausfirma Sekisui, die pro Jahr 56.000 Wohneinheiten
aufstellt, hat im Jahr 2008 das Zero Emission House als umwelt-
bewusste Lösung entwickelt.

Systembasierter Wohnungsbau in Japan ist durch zwei Haupt-
aspekte charakterisiert: zum einen die auf traditioneller japani-
scher Architektur basierende Modularisierung von Gebäudeteilen und zum anderen technische Entwicklungen, die aus dem
jahrelangen Streben nach idealen Produktionsabläufen gereift
sind. Die traditionelle Bauweise benutzte die Tatami-Matte und
Stützenraster als Maßmodule, um die Produktion und Austauschbarkeit von Gebäudeteilen zu erleichtern. Dauerhaftigkeit war
nicht wichtig, das Material selbst aber schon. Mit Schiebetüren
konnte die Räumgröße verändert werden; im Kriegsfall oder bei
Naturkatastrophen war die Möglichkeit, ein Haus zu demontie-
ren und an anderer Stelle wieder aufzubauen, hilfreich. Die
Stahlskeletthäuser der Daiwa House Group basieren noch heute auf dem Raster der Tatami-Matte. Heute müssen Häuser nicht
mehr demontierbar sein, aber das Unternehmen will sich den
veränderlichen Bedürfnissen seiner Kunden anpassen und entwickelt daher austauschbare Rahmen und Innenausstattungen
als Reaktion auf die sich ändernde Demografie des Landes. Wie
in den meisten westlich ausgerichteten Ländern ist in Japan die
Größe der Durchschnittsfamilie geschrumpft.

Konstante Veränderung ist der zugrunde liegende Faktor für das Erscheinungsbild des Wohnhauses. In der Gesellschaft ist das Haus ein Zeichen von Stabilität; bei einer durchschnittlichen Lebensdauer von 25 Jahren ist es allerdings ein ebenso verschleißanfälliges Produkt wie das Auto oder ein Laptop. In Japan sind fabrikgefertigte Häuser kontrollierte, in Massenproduktion gefertigte Produkte wie Autos und elektronische Geräte, und werden als solche eher akzeptiert als in Nordamerika und weiten Teilen Europas. Stilistisch gesehen passt sich das äußere Erscheinungsbild an moderne, westliche Trends an; aber mit Ausnahme einiger weniger minimalistischer, von Architekten entworfener Fertighäuser gibt es wenig Innovation in einem Meer unterschiedsloser Architektur. Bei den meisten Entwürfen liegt der Schwerpunkt auf der räumlichen Organisation der geheiligten, sehr privaten Innenräume, was sich meist in einem traditionellen Innenhof und einem modernen Wohnbereich sowie einer hohen Ausführungsqualität widerspiegelt. Architektonisch interessant sind einige neue, von Architekten entworfene Häuser mit utilitaristischer und industrieller Ästhetik, die kühne Formen aufweist und Räume durch Licht optisch vergrößert. Ein Beispiel dafür sind die F.O.B.-Häuser, die durch die Einzelhandelskette für Haushaltswaren F.O.B. Coop vertrieben werden. Durch die Verwendung von Standarddetails und Kooperation mit wenigen Bauunternehmen können die F.O.B.-Häuser Flexibilität und ästhetischen Anspruch für einen geringen Preis bieten (34, 35).

34

Um House, Ikoma, Präfektur Nara, Japan, F.O.B. Architecture, 2000
Die F.O.B.-Häuser bieten Flexibilität und ästhetischen Anspruch für einen geringen Preis. Sie basieren nicht auf bestimmten Modulen oder Materialien und können daher ein Holz-, Beton- oder Stahlskelett verwenden.

Erdgeschoss

1. Obergeschoss

2. Obergeschoss

35

Um House, Ikoma
Das Um House ist einer von fünf
Prototypen von F.O.B.-Häuser, die
durch ineinander übergehende Räume
und einen Innenhof charakterisiert sind,
inspiriert von traditionellen japanischen
Wohnformen.

Großbritannien

In *A Private Future* sagte Martin Pawley vor 30 Jahren, dass der Wohnungsbau ein Produkt der Verbrauchergesellschaft sei. Beim Verbraucher herrschte eine problematische Dualität: Der Drang danach, alles haben zu wollen, von elektronischen Spielereien bis hin zum Auto, sprach für die industrielle Produktion. Wenn es aber um das Zuhause ging, sollte dieses mit traditionellen Methoden gebaut werden und gleichzeitig erschwinglich sein. Das negative Image von Mietwohnungen stand in direktem Zusammenhang mit den vorgefertigten Bauten der Nachkriegszeit und überdauerte Jahrzehnte – zumal viele temporär gedachte Unterkünfte zu permanenten Lösungen wurden. Seitdem haben sich jedoch die Zahlen verkehrt: Im Jahr 2009 waren 17,5 Millionen, das entspricht etwa 80 % aller britischen Wohnhäuser, Privateigentum. Der Widerstand gegen Vorfertigung aber dauert noch immer an, sowohl von Verbraucherseite als auch seitens der Baufirmen.

Die Gründe für den Widerstand der Verbraucher gegen vorgefertigtes Bauen sind vielfältig: die Finanzierung eines vorgefertigten Hauses ist schwierig, weil Kreditgeber neue Bauweisen als riskant ansehen. Genehmigungsverfahren sind kompliziert und Grundstücke rar und teuer. Ironischerweise erklärt sich der Hauptwiderstand aber durch die Haltung der Eigentümer und Nutzer, die das Haus eher als Investition denn als Gebrauchsgut oder eben ihre Wohnumgebung ansehen. Das bedeutet, dass mehr für die Kriterien ausgegeben wird, die eine Wertsteigerung versprechen. Ein Haus muss daher eine gute Wohnlage haben, solide gebaut sein (also aus Ziegel oder Granit) und, von besonderer Wichtigkeit, nicht wie ein Fertighaus aussehen. Daher sind auch die Kunden zurückhaltend gegenüber neuen Materialien, Technologien und ungewöhnlichen Formen.

Der Egan Report *Rethinking Construction* (1998), eine der einflussreichsten Initiativen zur Verbesserung der Effizienz und Qualität in der Bauindustrie, regte weitere Untersuchungen zur Vorfertigung von Wohnhäusern an. Es kam aber zu keinem höheren Grad an Vorfertigung und Standardisierung von Prozessen und Produkten in der stark fragmentierten Bauindustrie. Gründe hierfür sind hohe Investitionen, komplexe Schnittstellen zwischen einzelnen Systemen und die Art des britischen Planungssystems. Das Bauen in der Fabrik wird nur von einigen Bauunternehmern praktiziert, breitet sich aber langsam aus. Die Vorteile sind klar

36

Wohnsiedlung Oxley Woods, Milton Keynes, Rogers Stirk Harbour + Partners, 2008
Diese preiswerten vorgefertigten Wohneinheiten nutzen eine modulare Gestaltungspalette mit Trespa-Platten (bestehend aus harzgetränkten Holzfasern). Zur umweltbewussten Ausstattung gehört weiterhin das energetisch effiziente Haustechniksystem.

ersichtlich: Kompensation des Mangels an gelernten Arbeitskräften, Zeit- und Kostensicherheit, höhere Qualität und minimierte Bauzeit vor Ort. Die heutigen Produkte sind allerdings oft von minderer Qualität.

Vollständig vorgefertigte Häuser machen nur einen ganz geringen, aber wachsenden Teil des britischen Wohnungsbaus aus. Unter anderem entstand in Murray Grove im Rahmen einer Stadtteilmodernisierung eines der ersten vorgefertigten modularen Wohnhäuser in Großbritannien von Cartwright Pickard Architects (2000) aus London; auch das erschwingliche BoKlok-Haus von IKEA (1997) weckte die Aufmerksamkeit potenzieller Hauseigentümer. Ein besonders interessantes Projekt, die Oxley-Woods-Wohnsiedlung in Milton Keynes von Rogers Stirk Harbour + Partners, zeigt eine Veränderung in den Bedürfnissen der Hauseigen-

tümer (36). Nach einem Wettbewerb für preiswerten vorgefertigten Wohnungsbau wurde dieses Projekt vom Staat in Auftrag gegeben und erzielt ausgezeichnete Energiestandards. Die Formensprache ist einfach und gestalterisch herausragend. Die modularen Verkleidungspaneele können an die verschiedenen Kundenwünsche angepasst werden. Ein steigendes Bewusstsein für Nachhaltigkeit und der moderate Preis machen diesen innovativen Prototyp für Massenwohnungsbau erfolgreich. Die Vorteile werden durch einen sorgfältig ausgeführten Fertigungsprozess in Kombination mit mehreren Fassadenverkleidungsoptionen und einer effizienten Haustechnik erzielt. Der EcoHat, eine auf dem Dach angebrachte Haustechnikeinheit, reduziert den Energieverbrauch um beinahe 40 %, durch Solar-Warmwasserbereitung, natürliche Belüftung und Nutzung der Abluftwärme (37).

37

EcoHat, Milton Keynes, Rogers Stirk Harbour + Partners, 2008
EcoHat ist eine Haustechnikeinheit auf dem Dach der Oxley-Woods-Häuser. Sie reduziert den Energieverbrauch um beinahe 40 % durch Solar-Warmwasserbereitung, natürliche Belüftung und Nutzung der Abluftwärme.

Österreich

In Vorarlberg in Österreich stehen traditionelle und moderne Architektur in lebhafter Verbindung (40). Die Stilrichtungen konkurrieren nicht miteinander, es findet vielmehr eine allmähliche Veränderung über Generationen hinweg statt, sodass aktuellen Bedürfnissen mit moderneren Baumethoden entsprochen wird. Betrachtet man die traditionelle Architektur der Region, so sieht man kompakte Bauernhäuser aus massivem Holz, mit Schrägdächern, Holzschindeln oder Tondachziegeln. Die neueren Häuser sind durch die gleiche solide Bauweise charakterisiert, weisen jedoch gelegentlich Flachdächer, Metallverkleidungen und andere neue Materialien, subtile Formveränderungen, größere Fenster und einen offenen Grundriss auf. Die Veränderungen scheinen minimal, aber die Modernität ist offensichtlich.

38

SU-SI-Wohneinheit, Reuthe, Österreich, Oskar Leo Kaufmann und Johannes Kaufmann, 1998
Ein vorgefertigtes modulares Haus als Prototyp für weitere Systeme. Die Architekten, der Bauherr und der Zimmermann (Michael Kaufmann) stammen alle aus der gleichen Familie.

39

Innenansicht SU-SI-Wohneinheit, Reuthe
Die modulare Wohnung ist eine in sich vollständige Einheit, ergänzt durch platzsparende, schlichte Ausstattungsmerkmale.

Die kleineren Familien, ins Haus integrierte Arbeitsbereiche und der Wunsch nach Energieeffizienz haben zu einer Optimierung des Konstruktionssystems geführt. Die daraus resultierende Architektur ist beeindruckend – es ist eine in der Tradition verwurzelte und gleichzeitig moderne Architektur mit klaren Linien, raffinierten Details und eleganter, schlichter Gestaltung. Um mit Johannes Kaufmann aus Bregenz zu sprechen: „Die Häuser der Bregenzer haben seit 300 Jahren die gleichen grundlegenden Eigenschaften", trotz der Nachkriegszeit, in der Holz durch Beton als vorherrschendes Baumaterial ersetzt wurde. Seine Beobachtung ist, dass die Grenzen zwischen den Berufen des Zimmermanns, Schreiners und Architekten verschwinden. Es herrscht eine weniger starke Hierarchie zwischen den Professionen als in den USA oder anderen Teilen Europas. Ähnlich wie in der benachbarten Schweiz gibt es ein ausgeprägtes Bewusstsein für die gebaute Umgebung. In der Region Vorarlberg werden etwa 50 % aller Häuser von Architekten gebaut; eine Zahl, von der amerikanische, deutsche, britische und japanische Architekten nur träumen können. Erschwingliche Preise, gute Gestaltung und hervorragende Qualität basieren auf problemorientiertem Denken: In bergigem Gelände und bei ungünstigen Witterungsbedingungen ist die Vorfertigung von Gebäudeteilen in der Fabrik eine logische Entscheidung im Sinne des beständigen und qualitätsvollen Bauens.

Das Zimmermannshandwerk hat in der Region Tradition – es ist ein hoch angesehener Beruf, und der Zimmermann ist direkt in die Produktion guter Architektur involviert, da er eng mit dem Architekten zusammenarbeitet. Michael Kaufmann in Reuthe, Vorarlberg, zum Beispiel ist Leiter eines Zimmerei- und Tischlereibetriebs in dritter Generation, der Systemlösungen und maßgeschneiderte Holzprodukte fertigt (38, 39). Er hat Systembaukomponenten zur Selbstmontage, modulare und Hybridsysteme gebaut. Die Arbeit erfordert jahrelange Ausbildung und Qualifikation. Allerdings wird das Produkt durch systematisierte, effektive Produktion mit gut ausgebildeten Handwerkern erschwinglicher.

40

Haus F., Bezau, Österreich, Dietrich Untertrifaller Architekten, 2006
Diese zeitgenössische Typologie nimmt in Materialien und Formgebung bewusst
Bezug auf das traditionelle Bregenzerwaldhaus.

4 | Bausysteme im Gewerbebau

Im folgenden Kapitel werden Komplettsysteme im Sinne eines Baukastensystems sowie Bauten und Projekte, die eher unter dem Aspekt der Vorfertigung und Standardisierung subsumiert werden können, vorgestellt. Bei den Komplettsystemen handelt es sich um Gebäude, die von einem Hersteller als Ganzes angeboten werden. Standardisiertes Bauen hingegen beruht auf der Verwendung vorgefertigter Bauteile. Dies ist ein wesentliches Kriterium dieser Bauweise und ein Unterscheidungsmerkmal zu den Komplettsystemen.

Systeme und standardisiertes Bauen für Büro- und Industriegebäude umfassen ein sehr weites Nutzungsspektrum. Anhand der Nutzungen kann die Bandbreite unterschiedlicher Konstruktionen und Bauprozesse am besten erklärt werden. Die Konstruktionstypen von Gewerbebauten – seien sie als Systembau oder als standardisierter Bau errichtet – lassen sich in die Kategorien Ultraleichtbau, Raummodulbau, Stahlskelettbau, gemischter Beton-Stahlskelettbau und Betonskelettbau einteilen (1).

Ultraleichtbau

Zum Ultraleichtbau werden leichte Glas- und Membrankonstruktionen wie Zelte, Glas- und Foliengewächshäuser gerechnet. Zu dieser Kategorie gehören unter anderem auch weitspannende Überdachungen, wie beispielsweise Stadien- und Bahnhofsüberdachungen. Ihr geringes Gebäudegewicht wird durch eine leichte Außenhaut und eine minimierte Tragkonstruktion erreicht, die im Normalfall nur eine eingeschossige Bauweise zulässt. Die überwiegende Anzahl von Systemen in dieser Kategorie sind temporäre Gebäudesysteme, bei denen ein niedriges Gewicht, ein geringes Packmaß für den Transport sowie eine einfache Handhabung bei der Montage und Demontage notwendig sind.

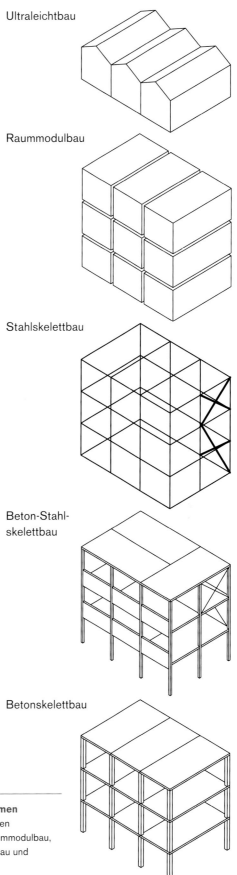

Ultraleichtbau

Raummodulbau

Stahlskelettbau

Beton-Stahl-skelettbau

Betonskelettbau

1

Konstruktionstypen von Gewerbebausystemen
Die Konstruktionstypen von Gewerbebausystemen lassen sich in die Kategorien Ultraleichtbau, Raummodulbau, Stahlskelettbau, gemischter Beton-Stahlskelettbau und Betonskelettbau einteilen.

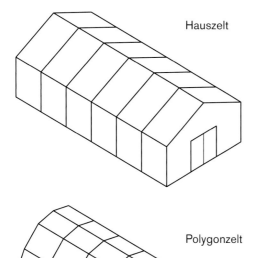
Hauszelt

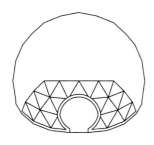
Polygonzelt

Kuppel-/Domzelt

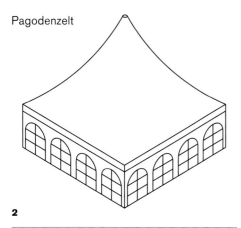

Pagodenzelt

2

Zeltsysteme
Die am häufigsten genutzte Zeltform ist das Hauszelt.
Weitere verbreitete Formen sind Polygonzelte,
Kuppel- oder Domzelte sowie Pagodenzelte.

Zeltsysteme

Zelte sind die älteste Form des Bauens mit Systemen. Von Nomadenvölkern als transportable Unterkünfte entwickelt, werden sie noch heute aufgrund der Transporteigenschaften und der einfachen Montage und Demontage als temporäre Gebäude wie unter anderem Lagerhallen, Fest- und Veranstaltungsgebäude sowie bei Katastropheneinsätzen als Unterkünfte und Sanitätszelte genutzt (2).

Hauszelte

Das klassische Hauszelt ist der am meisten verbreitete Zelttypus für gewerbliche Nutzungen. Die pneumatische Dachkonstruktion ist eine interessante Weiterentwicklung für diesen Zelttypus (3). Neben der verbesserten Wärmeisolierung hat diese Konstruktionsweise auch statische Vorteile.

Kuppelzelte

Die Technologie für transportable Großzelte für Veranstaltungen, wie Zirkuszelte oder Spiegelzelte, wie sie in den Niederlanden und Belgien entwickelt wurden, entstand Ende des 19. Jahrhunderts. Bei diesen Veranstaltungszelten ist es wichtig, dass der Innenraum möglichst stützenfrei bleibt, damit er frei gestaltet werden kann und die Besucher den Raum ungehindert überblicken können. Richard Buckminster Fuller entwickelte in den 1950er Jahren das modulare Kuppelsystem des geodätischen Domes, einer sehr leichten, stabilen und einfachen Kuppelkonstruktion (7). Das junge Berliner Unternehmen Zendome hat auf dieser Grundlage ein Kuppelzeltsystem für Veranstaltungen entwickelt (4–6). Es bietet diese Veranstaltungszelte bis zu einer Größe von 1.000 m² an.

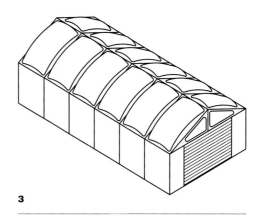

3

Hauszelt mit Luftkissendach
Um eine bessere Wärmeisolierung zu erreichen, gibt
es die Dachmembran auch als Luftkissenkonstruktion.

4

Geodätisches Kuppelzelt, Zendome: Außenansicht
Das Besondere dieses Zeltsystems ist seine spezielle
Kuppelkonstruktion, die besonders gute statische Eigen-
schaften besitzt.

5

Geodätisches Kuppelzelt: Innenansicht
Die Kuppelform wird aus einer modularen geodätischen
Tragstruktur aus gleichschenkligen Dreiecksfeldern
gebildet.

6

Geodätisches Kuppelzelt: Tragwerk
Detailansicht der ultraleichten Stabkonstruktion,
ermöglicht durch die räumliche Tragwirkung der
Konstruktion.

Das Besondere dieses Zeltsystems ist seine spezielle Kuppelkonstruktion aus einer modularen geodätischen Tragstruktur mit gleichschenkligen Dreiecksfeldern. Zur Konstruktion des Kuppeltragwerks werden nur zwei Grundelemente benötigt: eine Gerüststange, die an ihren Enden Knotenbleche mit Schraublöchern hat und als Verknüpfungselement eine Knotenscheibe aufweist, mit der die Stangen zu der Tragstruktur aus Dreiecksfeldern verschraubt werden können. Die Gerüststangen bestehen aus pulverbeschichteten verzinkten Stahlrohren. Über die Tragstruktur wird als Außenhaut eine textile Membran gezogen, welche aus beidseitig mit PVC beschichtetem Polyestergewebe besteht.

Die Konstruktion der Zeltdome ist aufwendiger und teurer als vergleichbare andere Zeltkonstruktionen und weniger flexibel in der Größe der Einzelzelte. Ihr Vorteil gegenüber anderen Zeltsystemen liegt in den statischen Möglichkeiten der Konstruktion. Mit ihr kann man bei einem niedrigen Eigengewicht große stützenfreie Innenräume temporär errichten. Die Tragkonstruktion hat gegenüber Windlasten eine sehr hohe Steifigkeit und ermöglicht die Befestigung von Veranstaltungstechnik an der inneren Stahlkonstruktion.

Raummodulbau

Raummodulbauten sind Stahlleichtbausysteme, die auf räumlichen, selbsttragenden Modulen aufgebaut sind. Es gibt sie in zwei Kategorien, als Raumcontainersysteme und Raummodulsysteme. Die Entwicklung von Raumcontainersystemen basiert auf der Idee des ISO-Transportcontainers, der sich weltweit erfolgreich als modulares Transportsystem durchgesetzt hat. Die Raumcontainermodule werden in ihrer Konstruktion, Größe und Gestaltung direkt vom Containerbau abgeleitet. Containergebäude sind mehrfach wiederverwendbar und ermöglichen neben dem Verkauf der Gebäude auch eine temporäre Vermietung (8).

Raummodulsysteme bauen auf ähnlichen Maßen und Konstruktionsprinzipien wie Containermodule auf. Sie lassen sich daher ähnlich flexibel transportieren, sind aber differenzierter aufgebaut als Containermodulsysteme. Der größte Unterschied zu Containersystemen ist die individuelle Gestaltungsmöglichkeit der einzelnen Module. Sie werden in der Regel auch für höherwertige Nutzungen und längere Zeiträume verwendet. Man kann sie als einen Zwischenschritt hin zu individuell gestalteten permanenten Gebäudesystemen sehen. Raummodulgebäude werden nicht nur vom Hersteller verkauft, sondern sie können auch über Leasingverträge genutzt werden. Bei Raummodulsystemen werden komplette Gebäudemodule, inklusive Innenausbau, auf der Basis eines selbsttragenden Stahlrahmens in einer Fabrik vorgefertigt. Auf der Baustelle werden sie wie ein Baukasten, nach einer individuellen Planung, zu einem Gesamtgebäude zusammengestellt (11). Nach der Rohmontage der Module auf der Baustelle werden die Fugen zwischen den Modulen, die im Innenausbau bei der Fassade und Dach noch offen sind, geschlossen und individuelle Bauteile wie Treppenhäuser oder Aufzüge vor Ort erstellt.

Diese Systeme werden unter anderem erfolgreich bei Krankenhauserweiterungen eingesetzt. Hier fallen ihre Vorteile einer schnellen, verhältnismäßig leisen und sauberen Bauweise gegenüber einer konventionellen Vor-Ort-Bauweise besonders ins Gewicht. Raummodulsysteme werden international von unterschiedlichen Firmen angeboten. Die Unterschiede liegen im Wesentlichen in der maßlichen und gestalterischen Variabilität der Module.

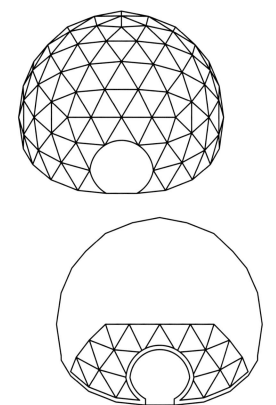

7

Skizze des Tragwerks einer geodätischen Kuppel
Die Geometrie baut sich aus Dreiecksfeldern auf.

Raumcontainersysteme

Büro- und Sanitärcontainer basieren auf den Abmessungen des ISO-Containers. Raumcontainersysteme werden als Büro- und Sanitärcontainer in den unterschiedlichsten Bereichen eingesetzt, zum Beispiel als Baubüro, Schule oder Kindergarten.

Ein Grundprinzip von Containersystemen ist konsequenter Leichtbau (10). Die Konstruktion wird aus dem Container- und Fahrzeugbau hergeleitet. Das Grundgerüst ist meistens eine Stahlrahmenkonstruktion aus kaltgewalzten Stahlprofilen, die miteinander verschraubt werden. Die Wände der Raumcontainer bestehen aus gedämmten Leichtbaupaneelen. Die Stützen und Paneele können so konstruiert werden, dass sie beim Transport als Paket (= Flatpack-System) verpackt werden (9). In dieser Ausführung sind sowohl die Ecksäulen als auch die Wandpaneele im Innern des Pakets gelagert, was das Frachtvolumen erheblich verkleinert. Die Container können auf der Baustelle mit einem Kran oder einem Gabelstapler transportiert und aufgestellt werden.

8

Raumcontainersystem als Baustelleneinrichtung
Am Beispiel der Baustelleneinrichtung für den Neubau der Elbphilharmonie Hamburg lässt sich die modulare Bauweise von Raumcontainersystemen erkennen.

9

Transport von Containern als Paket
Damit kein leeres Raumvolumen transportiert wird, können Container platzsparend zu einem flachen Paket zusammengelegt werden.

Die Maße für Container werden in Fuß angegeben. International gebräuchliche Containergrößen sind der 20-Fuß- (6,09 × 2,44 × 2,60 m) und der 40-Fuß-Container (12,19 × 2,44 × 2,60 m). Die Maßordnung vieler europäischer Firmen richtet sich auch nach diesem internationalen System. Containermodule lassen sich zu größeren Gebäudekomplexen zusammenstellen. Die maximale Geschosszahl von Containermodulgebäuden ist aus statischen Gründen beschränkt. Die mit jedem Geschoss stärkeren Windlasten führen bei höherer Geschossigkeit zu Einschränkungen in der Kombinierbarkeit der Containermodule. Bei zunehmender Geschosshöhe müssen mehr Wände zur Aussteifung der Gesamtkonstruktion genutzt werden. Containermodule sind je nach System unterschiedlich kombinierbar (12).

Raumcontainer haben sich als temporäres Gebäudesystem weltweit durchgesetzt. Sie sind über den gesamten Bau- und Nutzungsprozess sehr effizient: Die konsequente Nutzung der ISO-Containermaße ermöglicht einen sehr flexiblen Transport mit den Transportmitteln, die auf das weltweit verbreitete ISO-Containermaß eingerichtet sind. Containermodule können industriell vorgefertigt und mit wenig Arbeitsaufwand versandt und aufgestellt werden. Weil sie ohne Beschädigungen als Einzelmodule abgebaut und abtransportiert werden können, sind sie für viele Folgeeinsätze wiederverwendbar. Ihre Lagerung ist problemlos, weil jeder Container über ein eigenes Dach und Außenwände verfügt, sodass keine Lagerhalle notwendig wird.

Raumcontainergebäude sind konsequent auf Transportfähigkeit spezialisierte Gebäudesysteme. Das setzt für ihren Einsatz Grenzen. Nachteile dieser konsequenten Bauweise sind beispielsweise ein geringer gestalterischer Spielraum durch festgelegte Kubatur und Größe der Module, die Festlegung auf Leichtbaumaterialien und Konstruktionen und ihre geringere Wärmespeicherfähigkeit. Sie werden deswegen nur äußerst selten über ihre temporären Aufgaben hinaus etwa als Wohngebäude oder permanente Bürogebäude genutzt.

Für die Verwaltung und Showroom der Freitag lab AG (13) wurde ein Turm aus 17 wiederverwendeten Überseecontainern entwickelt, die dafür eigens modifiziert wurden. Der genormte Container ist ein in sich statisch optimiertes System, hier wurde die Außenhülle durch Treppen und große Fassadenöffnungen unterbrochen, sodass Kompensationsmaßnahmen in den einzelnen Containern nötig waren. Die Container sind weiterhin autonom und untereinander nur durch kraftschlüssige Fittings aus dem Schiffbau verbunden. So können sie auch zukünftig ausgetauscht werden. Windlasten werden durch sichtbare Diagonal-

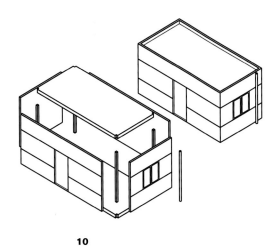

10

Konstruktion eines Containermoduls
Ein Grundprinzip von Containersystemen ist konsequenter Leichtbau. Die Konstruktion wird aus dem Container- und Fahrzeugbau hergeleitet.

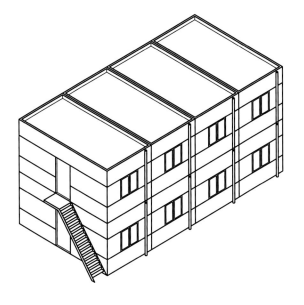

11

Containerkomplex
Containermodule lassen sich zu größeren Gebäudekomplexen zusammenstellen.

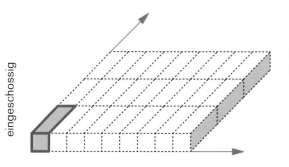

eingeschossig

Die Container können aneinandergereiht oder einzeln aufgestellt werden. Es dürfen dabei beliebig große Räume gebildet werden.

2 × 1 × 2

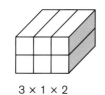

3 × 1 × 2

Die zweigeschossigen Containeranlagen können beliebig aneinandergereiht oder einzeln aufgestellt werden. Die aussteifenden Außenwände dürfen jedoch nicht entfernt werden (max. Raumgröße daher 3 × 1 Container). Lage der aussteifenden Wände (gestrichelt dargestellt, Innenräume frei)

2 × 1

3 × 1

zweigeschossig

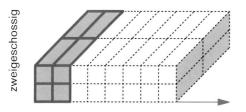

Mehrreihige Containeranlagen (Anzahl der Längsseiten ≥ 2)
Ab einer Mindestgröße von 2 × 2 × 2 Containern ist eine Erweiterung der Anlage in Längsrichtung möglich. Es dürfen dabei beliebig große Räume gebildet werden.

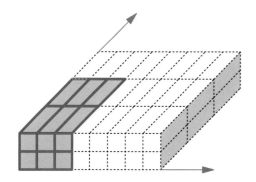

Ab einer Mindestgröße von 3 × 2 × 2 Containern ist eine Erweiterung der Anlage in jede Richtung möglich. Es dürfen dabei beliebig große Räume gebildet werden.

dreigeschossig

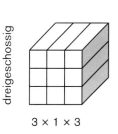

3 × 1 × 3

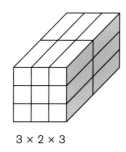

3 × 2 × 3

Die abgebildeten dreigeschossigen Containeranlagen können beliebig aneinandergereiht oder einzeln aufgestellt werden. Die aussteifenden Außenwände dürfen jedoch nicht entfernt werden (max. Raumgröße daher 3 × 2 Container).
Lage der aussteifenden Wände (gestrichelt dargestellt, Innenräume frei)

3 × 1

max. 3 × 2

12

Variationsmöglichkeiten bei Containermodulen und Geschossigkeit
Varianten der Kombination von Containermodulen in ein- bis dreilagige Komplexe.

verstrebungen abgefangen. Ein 1,50 m tiefes Fundament und die durch die baulichen Zusatzmaßnahmen und die zeitlich engmaschige Überwachung entstandenen Baukosten rücken diesen Turmbau allerdings finanziell in die Nähe eines konventionellen Hochbaus.

13

Turm der Freitag lab AG, Zürich, Spillmann Echsle Architekten, 2006
Der Turm aus Containermodulen dient der Verwaltung und als Showroom.
Es wurden bereits benutzte Container für den Bau des Turms wiederverwendet.

Flexible Raummodulsysteme

Beispielhaft wird hier ein System vorgestellt, das in den Niederlanden weit verbreitet ist (14). Es wird seit dem Jahr 2000 als semipermanentes und permanentes Gebäudesystem angeboten und hauptsächlich im Büro- und Schulbau eingesetzt.

Konstruktion

Die Raummodule werden auf einer immer gleichen Grundstruktur aufgebaut, die aus einer selbsttragenden Stahlrahmenkonstruktion besteht (15). Die Stahlrahmenkonstruktion setzt sich aus einer Bodenplatte, vier Eckstützen und einer Deckenplatte zusammen (16). Die Bodenplatte besteht aus einem rechteckigen Stahlrahmen, in den auf ein eingeschweißtes Trapezblech ein Zementestrich als Unterboden eingebracht wird. Die Deckenplatte ist ähnlich aufgebaut, bekommt aber als Oberbelag eine witterungsfeste Dachhaut aus Bitumenbahnen und eine nach innen geführte Regenentwässerung. Es wird für jedes Modul ein Dach gebaut, auch wenn es später im Innern des Gebäudes eingebaut wird. Das Dach wird als Witterungsschutz für die Zwischenlagerung der Module im Freien vor dem Transport zur Baustelle benötigt.

14

Friesland Foods Building, Deventer, Niederlande, 2007
Beispiel eines flexiblen Raummodulsystems.

Aufbauend auf dieser Grundstruktur können Innenausbau und Fassade individuell zugefügt werden. Hier werden analog zu den Konstruktionsprinzipien der Grundstruktur nur Leichtbaukonstruktionen verwendet. Im Innenausbau werden Gipskartonwände genutzt. Die Fassaden bestehen aus Aluminiumfenstersystemen und einem Wandaufbau aus Leichtbauplatten, Mineralfaserdämmung und Aluminiumblechverkleidung. Nachdem die Module auf der Baustelle zum Gesamtgebäude zusammengestellt wurden, wird das Gebäude mit Diagonalstreben an der Fassade oder im Innenraum ausgesteift (17). Bauteile wie Treppen und Aufzüge werden zum Schluss auf der Baustelle konventionell hergestellt (18). Die Modulgröße wurde so gewählt, dass sie ohne eine spezielle Erlaubnis und ohne zeitliche und räumliche Einschränkung auf der Straße von LKWs transportiert werden dürfen. Anders als bei Flatpack-Systemen, wo die Wände flach im Paket mit den Stützen und den Deckenplatten transportiert werden können, lassen sich die Raummodule beim hier vorgestellten System nur im fertig aufgebauten Zustand transportieren. Es wird also beim Transport der innenraumfertigen Module wenig Masse bei großem Packvolumen transportiert. Die Grundstruktur der quaderförmigen, in ihrer Größe und Konstruktion festgelegten Raummodule schränkt die architektonische Gestaltung hinsichtlich ihrer Kubatur, Fassadengestaltung und Innenausbau erheblich ein. Innerhalb der durch die Module und das Leichtbauprinzip vorgegebenen Grenzen können jedoch individuelle Varianten entwickelt werden. Die Innovation dieses Systems liegt in der

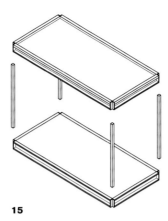

15

Konstruktion Raummodul
Raummodule werden auf einer immer gleichen Grundstruktur aufgebaut, die aus einer selbsttragenden Stahlrahmenkonstruktion besteht.

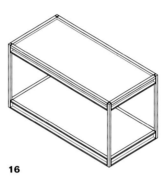

16

Aufbau Raummodul
Die Stahlrahmenkonstruktion setzt sich aus einer Bodenplatte, vier Eckstützen und einer Deckenplatte zusammen.

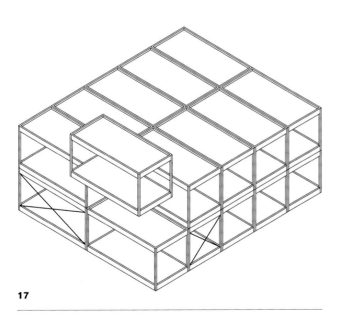

17

Konstruktion Raummodulgebäude
Nachdem die Module auf der Baustelle zum Gesamtgebäude zusammengestellt wurden, wird das Gebäude mit Diagonalstreben an der Fassade oder im Innenraum ausgesteift.

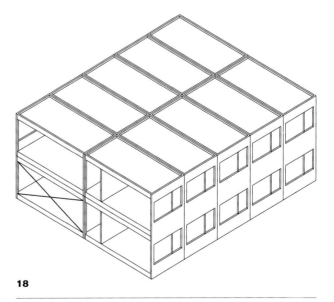

18

Raummodulgebäude
Bauteile wie Treppen und Aufzüge werden zum Schluss auf der Baustelle konventionell erstellt.

Produktionsmethode der Module, bei der durch einen hohen Vorfertigungsgrad eine große Effizienz erreicht werden konnte. Der Vorfertigungsgrad im Zusammenhang mit dem problemlosen Transport und der schnellen Montage auf der Baustelle ermöglicht einen extrem kurzen Planungs- und Bauprozess, bei gleichzeitig geringen Emissionen von Lärm und Dreck.

In der Schweiz wurde unter Verwendung von Holz als lokalem Baustoff ein Raummodulsystem entwickelt. Wand, Boden und Decke werden in Holztafelbauweise am Fließband bis zur fertigen Wandoberfläche erstellt. Fensteröffnungen können bis zur Modulbreite von 12 m erstellt werden. Neben Standardmietlösungen wird der Raummodulbau aus Holz für Krankenhäuser, Schulen und Büros oft in Zusammmenarbeit mit Architekten auf der Grundlage der Standardmodule weiterentwickelt (19).

19

Raummodulsystem adapto der ERNE AG Holzbau, Laufenburg, Schweiz, Kündig Bickel Architekten, 2000
Der Raummodulbau aus Holz für Krankenhäuser, Schulen und Büros wird oft in Zusammmenarbeit mit Architekten auf der Grundlage der Standardmodule weiterentwickelt. Dieser Pavillon wurde 2000 als Kindergarten realisiert und später für die Nutzung als Sitzungs- und Präsentationsraum adaptiert.

Stahlskelettbau

Stahlskelettbau wird im Systembau häufig verwendet. Stahl eignet sich für Systemgebäude gut, weil er ein gutes Tragverhalten bei geringem Gewicht und Volumen hat und deswegen kostengünstig transportierbar ist. Stahlbauteile können sehr präzise in Vorfertigung hergestellt werden. Der größte Nachteil von Stahlkonstruktionen im Gegensatz zu Betonkonstruktionen sind zusätzliche Ausbauarbeiten, die zum Erzielen eines ausreichenden Brandschutzes und die Herstellung von Decken und Wandflächen notwendig werden. Durch die Normierung von Stahlprofilen ist jede Stahlkonstruktion mit einem Systembau vergleichbar. Jedes Element eines Stahltragwerks wird planerisch bis ins Detail vordefiniert, im Werk gefertigt und vor Ort wie die Teile eines Baukastens zusammengesetzt. Maßgeblich für die Eigenschaft als System ist der Grad der modularen Abstimmung mit dem gesamten Gebäudesystem. Hierin liegen auch die wesentlichen Unterschiede zwischen verschiedenen Gebäudesystemen. Die Systementwicklungen des Büros Haller wurden bis ins kleinste Detail für eine Wandelbarkeit der Gebäude modularisiert, während andere Anbieter wie die Firma Goldbeck, die für ihr System Gobaplan eine kostengünstigere Mischbauweise mit Betonplatten entwickelt hat, das modularisierte System auf das Tragwerk und die Fassade beschränken. Durch die weniger tiefe Ausarbeitung bleibt das Gesamtsystem flexibler, aber auch näher an konventionellen Bauweisen.

System Midi

Das System Midi, ein wandelbares Stahlskelettsystem, wurde vom Architekturbüro Fritz Haller in Solothurn, Schweiz, 1970 zusammen mit der Stahlbaufirma USM in Münsingen, Schweiz, für mehrgeschossige Bauten mit hohem Installationsanteil wie beispielsweise Schul- oder Verwaltungsgebäude entwickelt (20) und später um ein digitales Ordnungssystem für die haustechnischen Installationen, das Planungsinstrument Armilla, erweitert. Das System wird im Büro Fritz Haller bis heute weiterentwickelt und angewandt. Der Grundgedanke des Systems ist es, ein möglichst wandelbares Gebäude zu erzeugen, das schnell und zerstörungsfrei an veränderte Nutzungsansprüche angepasst werden kann. Alle Bauteile des Systems sind so beschaffen, dass sie nach dem Einbau einfach wieder entfernt und an anderer Stelle neu eingesetzt werden können, ohne dabei zerstört zu werden oder Zerstörungen zu verursachen. Ein Midi-Gebäude kann deswegen zeit- und kostensparend in jeder Richtung erweitert oder zurückgebaut werden (21). Midi ist ein integriertes Gebäudesystem aus sechs Bausteinen: Tragwerksystem, Bodensystem, Deckensystem, Innenwandsystem, Fassadensystem und Installationssysteme.

20

**SBB-Ausbildungszentrum, Löwenberg,
Murten, Schweiz, Haller Bauen und
Forschen, 1982**
Skelett des Rohbaus eines Midi-Systembaus.

21

**Rohbau und fertiggestelltes Gebäude
SBB-Ausbildungszentrum, Löwenberg**
Alle Bauteile des Systems sind so beschaffen,
dass sie nach dem Einbau wieder entfernt und an
anderer Stelle neu eingesetzt werden können.

22

**Trägersystem mit haustechnischen
Leitungen, SBB-Ausbildungszentrum,
Löwenberg**
Die Geometrie der Träger orientiert sich neben
den statischen Anforderungen an den techni-
schen Leitungsführungen in der Trägerebene.

Diese Baukomponenten sind prototypisch als Modelle entwickelt und in ihrer modularen Ordnung aufeinander abgestimmt. Armilla ist ein allgemeines digitales Installationsmodell für die Versorgungssysteme und deren Leitungsnetze. Es wird als ein rechnergestütztes Instrumentarium zur Planung und zum Betrieb von wandelbaren Gebäuden mit hohem Installationsanteil genutzt.

Das Stahlbausystem hat zwei Grundkomponenten: runde Stahlrohrstützen als Geschossstützen und Stahlfachwerkträger als Geschossträger. Um störende Aussteifungselemente zu vermeiden, wurden eingespannte und über die Geschosse durchlaufende Stützen eingesetzt. Die Träger sind Doppelbinder, eine Kombination aus Fachwerk- und Vierendeelträger. Ihre Geometrie orientiert sich neben den statischen Anforderungen an den technischen Leitungsführungen in der Trägerebene (22). Ihre Konstruktionshöhe beträgt 1 m. Die Doppelbinderkonstruktion wurde gewählt, um eine Installationsführung, bei der die Leitungen aus der Trägerebene in die Innenwände hinein geführt werden können, zu ermöglichen, auch wenn sie auf dem Konstruktionsraster stehen. Um die Wandelbarkeit des Tragsystems in jeder Richtung zu gewährleisten, wurden Rand und Feldstützen sowie Rand und Feldträger gleich dimensioniert. Auf dem Geschossträger aufliegend, stellt ein Estrich auf Trapezblech als

Fußbodenkonstruktion die Brandabschottung zwischen den Geschossen her. Die Untersicht der Träger wird in Büro- oder Schulungsräumen mit einem abgehängten Rasterdeckensystem geschlossen oder in den Flurbereichen mit einer offenen Metallgitterstruktur einsehbar gelassen. Die Installationen sind für Nachinstallationen frei zugänglich. Die wandelbare Ordnung wird durch das Tragwerksystem (23) und das Armilla-Modell als Planungsinstrument für die Installationen grundsätzlich festgelegt. Andere Systeme wie Fassade und Innenausbau werden je nach Projekt speziell hinzukoordiniert.

Um die Wandelbarkeit in jede Richtung zu gewährleisten, wurde ein quadratisches Konstruktionsraster von 2,40 × 2,40 m gewählt. Das Ausbauraster baut auf dem Konstruktionsraster auf und beträgt 1,20 × 1,20 m (24). Es verläuft deckungsgleich mit dem Konstruktionsraster. Die Wahl eines Ausbaurasters basierend auf einem Vielfachen von 60 cm ist günstig hinsichtlich der Kompatibilität mit anderen Ausbausystemen wie Doppelboden-, Küchen- oder Sanitärsysteme, die häufig auf einem 60-cm-Raster aufbauen. Für die Geschosshöhen gibt es keine Festlegung.

Das Midi-System ist in gestalterischer Hinsicht eingeschränkt flexibel, da das quadratische Raster und die orthogonale Struktur festgelegt sind und damit auch die Architektur auf eine ortho-

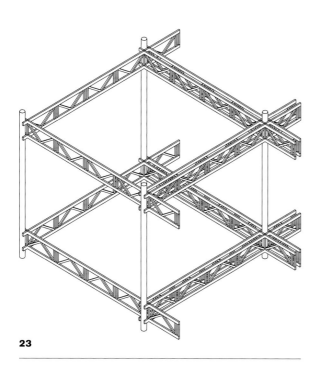

23

Tragsystem Midi
Das Stahlbausystem hat zwei Grundkomponenten:
runde Stahlrohrstützen als Geschossstützen und Stahlfachwerkträger als Geschossträger.

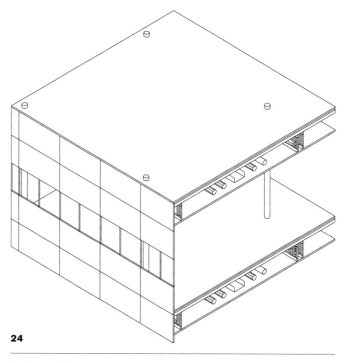

24

System Midi
Um die Wandelbarkeit in jede Richtung zu gewährleisten, wurde ein
quadratisches Konstruktionsraster von 2,40 × 2,40 m gewählt.
Das Ausbauraster baut auf dem Konstruktionsraster auf und beträgt
1,20 × 1,20 m.

gonale Gestaltung festgelegt wird. Das gilt sowohl für die Außenform als auch für den Innenausbau. Innerhalb dieser Regeln gibt es allerdings viele Variationsmöglichkeiten. Der hohe Bodenaufbau, über den die haustechnischen Leitungen verteilt werden, ermöglicht sehr viele Ausbauvarianten unabhängig von den Technikschächten. Auch die Fassade, die vom Tragwerk räumlich und konstruktiv unabhängig ist, kann relativ frei gestaltet werden. Die Besonderheit dieses Systems aber ist die Flexibilität für nachträgliche Umbauten. Die Umbauzeiten für Innenwände, Innendecken und Installationen betragen oft nur einige Stunden, und der Umbau kann vom hauseigenen Personal durchgeführt werden. Überzählige Wand- oder Deckenelemente können für spätere Einsätze eingelagert werden.

Bemerkenswert ist die detaillierte und komplexe Ausarbeitung des Systems. Die Idee, ein Gebäudesystem zu schaffen, das in allen Ebenen, vom Rohbau bis hin zur Haustechnik, wandelbar ist, wurde mit aller Konsequenz umgesetzt. In ihm spiegeln sich die Erfahrungen im Umgang mit Systemen wider, die das Büro Haller mit seinen Forschungstätigkeiten und gebauten Anwendungen seit 1961 gemacht hat. Allerdings werden die vollständige Funktionsweise und die Vorteile des Systems aufgrund seiner Komplexität erst dann offensichtlich, wenn man sich mit seiner Struktur intensiver auseinandersetzt. Nicht zuletzt wegen seiner vergleichbar hohen Baukosten hat dieses System keine weite Verbreitung gefunden. Es relativieren sich allerdings die Baukosten, wenn man die Kosten der Gebäudenutzung einschließlich der Nutzungsänderungen über einen längeren Zeitraum betrachtet. Diese ganzheitliche Betrachtung der Lebenszykluskosten eines Gebäudes ist bei Bauherren erst seit einigen Jahren verbreitet. In dieser Betrachtungsweise von Gebäudekosten, in dem ressourcenschonenden Ansatz der Wiederverwendbarkeit von Bauteilen und der Kompatibilität mit der Computeranwendung liegen die aktuellen Chancen dieses Gebäudesystems. Das System Midi wurde zusammen mit dem Installationsmodul Armilla seit 1970 insgesamt viermal vom Büro Haller angewendet. Fritz Haller bezeichnet alle bisherigen Gebäude als Prototypen, bei denen jeweils der neueste Stand der Forschung zum Einsatz kam.

Einen Ansatz zur Reaktivierung alter Industrieflächen zeigt das Projekt Kraanspoor des Amsterdamer Büros OTH – Ontwerpgroep Trude Hooykaas (25). Auf einem ehemaligen Werftgelände am Nordufer des Flusses IJ in Amsterdam wurde eine alte Kranbahn zur Basis für ein neues Bürogebäude. Das Konstruktionsraster des Bürogebäudes fußt auf Modulen von 23 m – entsprechend dem Stützenraster der Kranbahn –, die jeweils in

25

Bürogebäude Kraanspoor, Amsterdam, OTH – Ontwerpgroep Trude Hooykaas, 2007
Auf einem ehemaligen Werftgelände am Nordufer des Flusses IJ in Amsterdam wurde eine alte Kranbahn zur Basis für ein Bürogebäude. Dessen Konstruktionsraster fußt auf dem vorhandenen Stützenraster von 23 m.

drei Felder von 7,67 m unterteilt sind und auf der alten, 270 m langen und 8,70 m breiten Rollbahn angeordnet wurden. Das Haupttragwerk besteht aus HEB-300- und HEB-240-Stahlprofilen, die auf die Geschossdecken des Deckensystems Slimline, bestehend aus IPE-270 und einer Betonplatte, geschweißt sind.

Das Besondere des Deckensystems Slimline (26) ist, dass die Haustechnikleitungen innerhalb der Deckenkonstruktion untergebracht werden können – dadurch fallen die Geschosshöhen etwas geringer aus. Der Stahlleichtbau von Kraanspoor ist mit einer Doppelfassade aus einer inneren raumhohen Holz-Glas-Fassade und einer Vorsatzschale aus sensorgesteuerten horizontalen Glaslamellen umhüllt. Der begehbare Fassadenzwischenraum dient als Klimapuffer. Die Haustechnik nutzt Hafenwasser zur Betonkernaktivierung und arbeitet mit natürlicher Lüftung.

Gemischter Beton-Stahlskelettbau

Systeme dieser Art können nicht auf allgemein gültige Größen reduziert werden, da jedes Unternehmen eigene Standards entwickelt. Beispielhaft wird hier das deutsche Bürobausystem Goldbeck vorgestellt, das aufgrund seines wirtschaftlichen Erfolgs interessant ist. Auf der Basis einer gemischten Beton-Stahlskelettkonstruktion als Kernsystem werden die Gebäude mit einem hohen Anteil von Standarddetails vorkonstruiert, die bei allen Gebäuden eines Typs wiederholt eingesetzt werden. Die Wiederholung entscheidender Konstruktionsmerkmale in Tragwerk und Fassade ermöglicht es, den Bauprozess zu optimieren und vorhersehbar zu gestalten. Eine weitere Sicherheit hinsichtlich der Termin- und Preisgestaltung gewinnt Goldbeck dadurch, dass die wichtigsten Fertigteile, das Tragwerk und die Fassaden, in eigenen Werken hergestellt werden. Das System

26

Deckensystem Slimline
Dieses Deckensystem erlaubt die Unterbringung der Haustechnikleitungen innerhalb der Deckenkonstruktion. (Hier zu sehen eine Geschossdecke im Ausstellungsgebäude für Bosch Siemens Homeproducts in Hoofddorp, Entwurf: Mc Donough & Partners mit KOW Architekten)

27

**Gewerbepark, System Gobaplan,
Planungsabteilung Goldbeck,
Langenfeld bei Düsseldorf, 2006**
Auf der Basis einer gemischten Beton-Stahlskelettkonstruktion als Kernsystem werden bei Gobaplan die Gebäude mit einem hohen Anteil von Standarddetails vorkonstruiert, die bei allen Gebäuden eines Gebrauchstyps wiederholt eingesetzt werden.

Gobaplan wurde 1982 entwickelt und ist für unterschiedliche gewerbliche Nutzungen geeignet (27).

Kern des Systems ist das Tragwerk aus einem Stahlskelett aus Doppel-T-Stahlprofilen und Fertigbetondeckenelementen (28). Die Stahlträger stehen in einem Raster von 2,50 × 5 m oder 2,50 × 7,50 m. Daraus ergeben sich gut transportierbare Betonbodenplattengrößen von max. 2,50 × 7,50 m. Die Fassadenträger stehen im Raster von 2,50 m, es sind jedoch auch größere Öffnungen bis maximal 7,50 m möglich. Die Brüstungen werden mit Betonfertigteilen geschlossen. Diese bilden die Befestigungsgrundlage für die Fassade. Das Rastersystem der Träger baut auf einem Vielfachen der Innenausbauraster von 1,25 m auf. So ist es mit den Ausbausystemen kompatibel, die auf dem deutschen Ziegelmauerwerksraster mit einem Grundmodul von 12,5 cm beruhen. Trockenbauwände haben zum Beispiel ein Grundraster von 62,5 cm. Die tragenden Stahlprofile werden aus Brandschutzgründen mit Trockenbauplatten verkleidet. Die Geschossdecke wird grundsätzlich mit einer abgehängten Decke geschlossen, unter der die Haustechnikverteilung erfolgt.

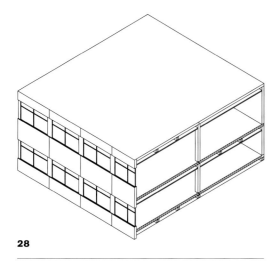

28

Tragsystem Gobaplan
Kern des Gebäudesystems ist das Tragwerk aus einem Stahlskelett aus Doppel-T-Stahlprofilen und Fertigbetondeckenelementen.

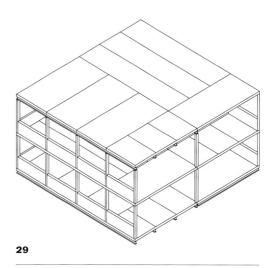

29

System Gobaplan
Für die Fassade sieht das System ein Fensterband vor, das alle 2,50 m von Fassadenstützen unterbrochen wird.

30

Showroom Goldbeck mit 1:1-Gebäudemodellen
Als Teil der Vermarktung werden 1:1-Gebäudemodelle in verschiedenen Ausführungsvarianten ausgestellt.

Gobaplan lässt für die Gestaltung eines Gebäudes innerhalb des Systems eine eingeschränkte Variabilität und Flexibilität zu. Die Kubatur der Gebäude richtet sich nach dem orthogonalen Rastersystem von 1,25 × 2,50 m. Für die Fassade sieht das System ein Fensterband vor, das alle 2,50 m von Fassadenstützen unterbrochen wird (29). Innerhalb dieses Aufbaus gibt es Variationsmöglichkeiten hinsichtlich Materialwahl und der Fensterteilung (30). Andere Fassadenvarianten sind möglich, werden dann aber nicht als Systembestandteil, sondern konventionell errichtet. Die Stahlkonstruktion des Rohbaus ermöglicht große Spannweiten, was zu wenigen störenden Stützen und einer hohen Flexibilität für den Innenausbau führt. Je nach Wahl des Innenausbausystems gibt es

Systemlösungen, die nachträgliche Umbauten mit wenig Aufwand zulassen. Die Haustechnikverteilung unter der Abhangdecke ermöglicht eine flexible Grundrissaufteilung im Bürobereich. Die Sanitärkerne sind allerdings abhängig von der Lage der Haustechnikschächte. Haustechnische Innovationen wie Betonkernaktivierung sind wegen der abgehängten Decke bisher nicht integrierbar.

Eine Ikone der Vorfertigung stellt das Gebäude der Versicherung Lloyd's in London dar (31). 1979 bis 1986 von Richard Rogers erbaut, ist es ein Beispiel für die hochspezifische Ausformulierung eines modularisierten Gebäudes. Der Komplex besteht aus drei Haupttürmen und drei Versorgungstürmen um einen zen-tralen rechteckigen Platz. Auffallendes Merkmal dieses Ver-

31

Lloyd's Building, London, Richard Rogers, 1986
Auffallendes Merkmal dieses Versicherungsgebäudes ist die Verlegung der Vertikalerschließungselemente sowie der
Ver- und Entsorgungssysteme an die Außenfassade.

sicherungsgebäudes ist neben seinem Erscheinungsbild die Verlegung der Vertikalerschließungselemente sowie der Ver- und Entsorgungssysteme an die Außenfassade. Dies ermöglicht ein Maximum an Flexibilität bei der Aufteilung der Grundrissfläche und erleichtert die Wartung der kurzlebigeren Bauteile der haustechnischen Systeme.

Rogers richtete in den folgenden Jahren sein Büro konsequent auf Vorfertigung aus und konnte durch eine kontinuierlich wachsende Sammlung von Detaillösungen, eine Art büroeigener Detailkatalog, die Effizienz seines Büros enorm steigern. So lag er 2004 auf Platz 3 im Ranking der britischen Architekten mit einem Umsatz von £ 248.936 pro angestelltem Architekt.

Betonskelettbau

Die Vorteile von Betonkonstruktionen gegenüber Stahlkonstruktionen sind der bessere Brand- und Schallschutz sowie die fertigen Rohbauflächen. Nachteile von Betonsystemen im Bürobau waren bisher sowohl die Konsolen und Unterzüge der Tragkonstruktion, die den Innenausbau und die Haustechnikverteilung störten, als auch die geringere Tragfähigkeit von Beton. Es gibt allerdings mittlerweile Systeme, wie beispielsweise das Tragsystem von CD20 Bouwsystemen (32, 33), das frei von Konsolen und Unterzügen ist. Der Einsatz von Spannbeton erweitert die statischen Möglichkeiten dieser Systeme, sodass sie auch in diesem Punkt mit Stahlbausystemen konkurrenzfähig werden.

32

Rohbau Bürokomplex mit Tragsystem CD20 Bouwsystemen
Dieses in der Decke flächenbündige Betonskelettsystem besteht aus Stützen und unterzugsfreien Betondeckenplatten.

33

Rohbau Industriehalle mit Tragsystem von DW-Systembau
Das Betonskelettsystem besteht aus einer Kombination von Stützen und Deckenträgern. Das Dach sowie die Wände werden mittels Betonplatten oder anderweitiger Hüllflächen (meist Sandwichkonstruktionen) geschlossen.

Das Gebäude der Energie- und Wasserbetriebe Buchs von Ballmoos Krucker Architekten ist bis auf die in Ortbeton hergestellten aussteifenden Treppenkerne vollständig vorfabriziert (34). Die tragenden Fassadenstützen sind in Sandwichbauweise hergestellt, die auskragenden Vordächer sind direkt in die Gesamtstruktur eingebunden. Das Gebäude thematisiert die Fügung der Fertigteile; der Eindruck des Gebäudes ist der vertraute eines Systembaus. Die topografische Einbindung des Gebäudes und die Gestaltung von Fassade und Vordach lassen die feinen Differenzen und den charakteristischen Ausdruck entstehen und machen den Unterschied zwischen Systembau und durch Architekten geplanter Vorfertigung deutlich.

34

Werksgebäude der Energie- und Wasserbetriebe Buchs, Schweiz, Ballmoos Krucker Architekten, 2004
Die topografische Einbindung des Gebäudes und seine architektonische Anmutung verdanken sich der durch Architekten geplanten Vorfertigung.

Plattformsystem

Die Individual Building Platform ist ein integriertes Plattformsystem für Bürogebäude (35) auf Basis eines Betonskelettsystems. Das System wurde im Jahr 2007 an der Architekturfakultät der TU Delft in Zusammenarbeit mit deutschen und niederländischen Firmen entwickelt. Es soll später auf andere Nutzungen angepasst werden. Dem System liegt der Gedanke einer Plattformstrategie zugrunde, einer Fertigungsstrategie aus dem Automobilbau, bei der auf der Grundlage einer seriellen Plattform individuell angepasste Varianten gebaut werden. Die Komponenten einer Plattform wurden so gewählt, dass bei möglichst vielen festgelegten Systemkomponenten minimal Einfluss auf die Architektur genommen wird. Die Plattform besteht aus vier Subsystemen: Rohbausystem (36), Fassadensystem (37), Haustechniksystem (38) und Innenausbausystem (39).

Auf dem Plattformsystem aufbauend wird für die individuelle Anwendung das jeweilige Gesamtsystem entwickelt. Zusätzlich zu den Plattformkomponenten werden projektspezifische Komponenten entwickelt, die in den Bau- und Planungsprozess der Plattform integriert werden. Dadurch wird eine durchgehende Just-in-time-Montage auf der Baustelle möglich.

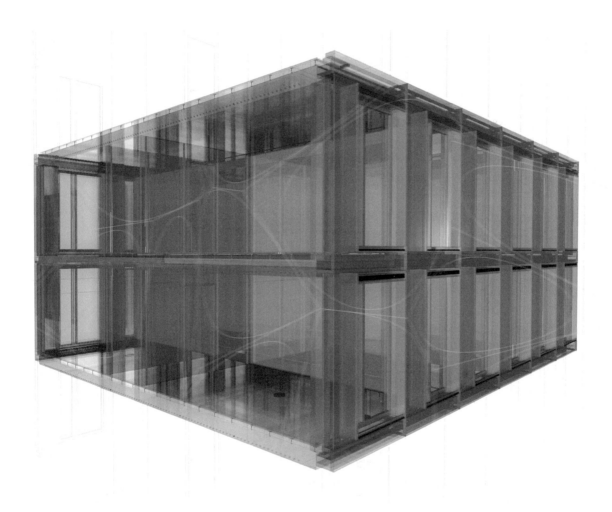

35

Gesamtsystem der Individual Building Platform als 3D-Simulation, TU Delft, Niederlande, 2007
Diesem System für Bürogebäude liegt der Gedanke der Plattformstrategie zugrunde, einer Fertigungsweise aus dem Automobilbau, bei der auf der Grundlage einer seriellen Plattform individuell angepasste Varianten gebaut werden.

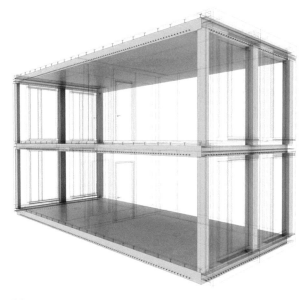

36

Individual Building Platform: Rohbausystem
Das Rohbausystem besteht aus Spannbetonfertigteilplatten und
Stahlbetonstützen, die über ein Stahlkopplungselement unterzugs-
frei miteinander verbunden werden.

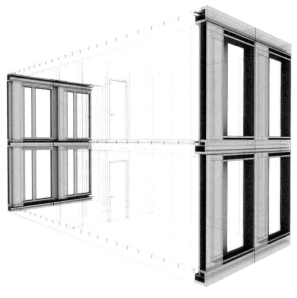

37

Individual Building Platform: Fassadensystem
Das Fassadensystem wurde als Elementfassade konzipiert,
um eine möglichst hochwertige und schnelle Ausführung zu
ermöglichen.

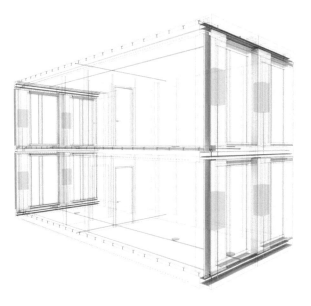

38

Individual Building Platform: Haustechniksystem
Die Komponenten der Haustechnik befinden sich im Wesentlichen
in der Fassade und an den Fassadenschnittstellen, um eine große
Flexibilität im Innern des Gebäudes zu ermöglichen.

39

Individual Building Platform: Innenausbausystem
Der Innenausbau erfolgt mit modularen Komponenten, um auch
dort einen effizienten vordefinierten Bauprozess zu erhalten.

Das Rohbausystem besteht aus Spannbetonfertigteilplatten und Stahlbetonstützen, die über ein Stahlkopplungselement unterzugsfrei miteinander verbunden werden. Auf die Betonplatten wird ein Hohlraum als Doppelboden gestellt, in dessen Zwischenraum die Haustechnikleitungen verzogen werden. Die Bodenplatten können mit einer Betonkernaktivierung versehen werden.

Die Fassade ist eine modular aufgebaute Haustechnikfassade. Sie besteht innen aus Aluminiumfensterelementen, Haustechnikelementen und Brüstungselementen. Außen besteht sie aus Doppelfensterelementen oder Verkleidungselementen aus frei wählbarem Material.

Für den Innenausbau werden Ausbausysteme eingesetzt, die mit dem Gesamtsystem koordiniert werden. Die haustechnischen Installationen werden in der Planung als individuell angepasste Module definiert. Die Verteilung der Haustechnik erfolgt über den Doppelboden und die Haustechnikfassadenmodule. Das Innenausbauraster ist zwischen den Grenzwerten 1,20 und 1,40 m flexibel. Die Maße für das Konstruktionsraster (40) liegen entsprechend flexibel zwischen 3,60 und 4,20 m. Für Geschosshöhen gibt es keine Festlegungen.

Mit dem Rohbausystem der Plattform können außer orthogonalen Formen auch trapez- und kreisförmige Gebäude entstehen. Damit können die meisten gebräuchlichen Gebäudeformen schon innerhalb der Plattform abgedeckt werden. Besondere Bauteile werden als Sonderkomponenten im System zusammen mit der Plattform koordiniert. Ein wirtschaftlicher Einsatz des Systems ist allerdings nur bei Gebäuden möglich, bei denen die Plattform einen hohen Anteil hat. Im Innenausbau wird die Flexibilität durch den verhältnismäßig hohen Anteil von Stützen und Aussteifungswänden eingeschränkt. Die dezentrale Haustechnik in der Fassade (41) und der Doppelbodenaufbau erlauben eine flexible Versorgungsplanung. Das System befindet sich noch in der Prototypphase und wurde deswegen noch nicht kommerziell angewandt.

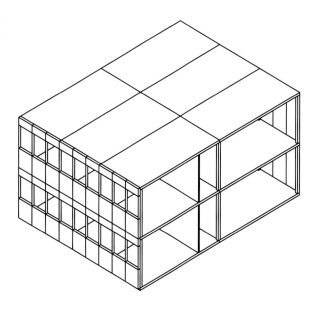

41

Gesamtsystem Individual Building Platform
Die Fassade ist eine modular aufgebaute Komponentenfassade.

40

Tragsystem Individual Building Platform
Die Maße für das Konstruktionsraster liegen zwischen 3,60 und
4,20 m. Für Geschosshöhen gibt es keine Festlegungen.

Industriehallensysteme aus Betonfertigteilen

Man kann bei Industriehallen nicht im gleichen Maße von Systemgebäuden sprechen wie bei den vorgestellten Bürobausystemen. Ein Gebäude wird für eine Produktion erstellt und auf ihre spezifischen Bedürfnisse angepasst. Ähnlich wie bei Hochhäusern sehen die Entwürfe so viele sich wiederholende Teile vor, dass man von einem individuellen Systemgebäude mit hoher Vorfertigungsrate sprechen kann. Die Planer können bei den unterschiedlichen Bauteilen auf Systemlösungen zurückgreifen, die sich wegen der einfachen Grundstruktur der Industriehallen einfach miteinander koordinieren lassen. Ein Systembaukasten besteht aus den Bauteilen Stützen, Träger, Decken, Wände und Fassaden (42–44). Für jedes dieser Bauteile werden unterschiedliche Versionen angeboten. Alle Bauteile sind je nach Bedarf über unterschiedliche Verbindungsdetails miteinander kombinierbar und in ihren Dimensionen variabel.

Als Beispiel soll eine eingeschossige Industriehalle mit Blechfassadenelementen als Außenwände dienen (45). Die Rechteckstützen werden auf das vor Ort vorbereitete Fundament gestellt und kraftschlüssig mit einer Bolzenverschraubung mit dem Fundament verbunden, um auf die Fassade wirkende Horizontalkräfte aufnehmen zu können. Die Dachträger sind geneigte I-Binder, die direkt auf die Stützen aufgelegt werden. Als Dachplatten können je nach Spannweite im Bereich von 6 × 9 m Blechkonstruktionen genutzt werden (46) und bei 9 × 12 m TT-Platten zum Einsatz kommen.

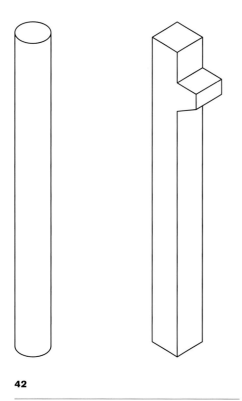

42

Betonskelettbau: Stützen
Ein Systembaukasten von Betonfertigteilen besteht aus den Bauteilen Stützen, Träger, Decken, Wände und Fassaden.

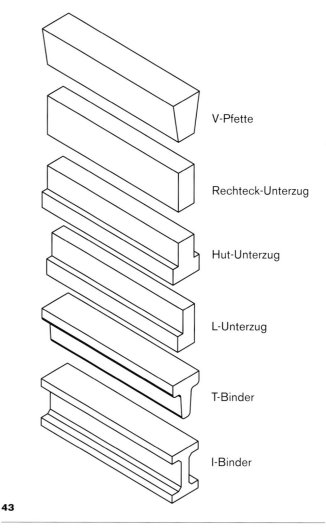

V-Pfette

Rechteck-Unterzug

Hut-Unterzug

L-Unterzug

T-Binder

I-Binder

43

Betonskelettbau: Träger
Für jedes dieser Bauteile werden unterschiedliche Versionen angeboten.

Marktanteil Systembauten

Der Anteil des reinen Systembaus ist bisher bei Gewerbebauten in Europa im Verhältnis zum gesamten Baugeschehen eher gering. In Nordamerika und Japan beispielsweise ist das Bauen in Vorfertigung traditionell weiter verbreitet, aber man darf hier Vorfertigung nicht mit Systembau verwechseln, der hier auch nicht sehr häufig angewandt wird. Lediglich bei Sondernutzungen wie temporären Gebäuden oder einfachen Zweckbauten haben sich Systemgebäude als Standard durchgesetzt.

Dass auch im traditionellen Bausektor permanenter komplexer und individueller Gebäude für Systeme ein lohnendes Entwicklungspotenzial liegt, sieht man am steigenden Erfolg einiger weniger Firmen. Dieser Bereich wurde lange Zeit von großen, international agierenden Baufirmen kaum beachtet. Bis auf wenige Ausnahmen wurden die meisten Systemgebäude von mittelständischen Firmen konzipiert, die allerdings einen verhältnismäßig geringen Etat für Forschungs- und Entwicklungsarbeit haben.

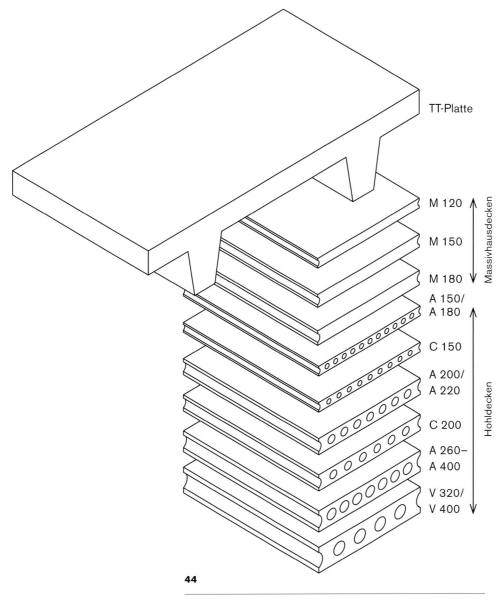

44

Betonskelettbau: Deckenplatten
Alle Bauteile sind je nach Bedarf über unterschiedliche Verbindungsdetails miteinander kombinierbar und in ihren Dimensionen variabel.

Zukunftsweisende Systeme, Aspekte der Nachhaltigkeit, plattformübergreifende Baumethoden werden in jüngster Zeit in Kooperation mit Hochschulen entwickelt. An der TU Eindhoven wurde aus diesem Grund von Jos Lichtenberg die Stiftung Slimbouwen gegründet. Diese Stiftung vernetzt Baufirmen, Ingenieurbüros, Architekten und Hochschulen, um längerfristige Entwick-

lungen im Bereich des industriellen, flexiblen und nachhaltigen Bauens zu fördern. Eines ihrer Ziele ist es, Konstruktionsprozesse so zu entwickeln, dass der Lebenszeitzyklus eines Gebäudes verlängert wird. Adaptierbarkeit und Flexibilität auch der tragenden Struktur sollen so im Sinne einer Langzeitinvestition die Bedürfnisse zukünftiger Nutzer vorausschauend antizipieren.

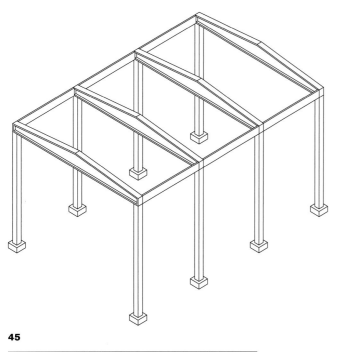

45

Tragwerk einer eingeschossigen Industriehalle
Diese Industriehalle ist ein Beispiel für einen Betonskelettbau, der mit Blechfassadenelementen verkleidet ist.

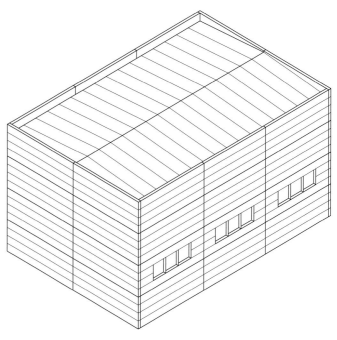

46

System der eingeschossigen Industriehalle
Als Dachplatten können je nach Spannweite Blechkonstruktionen oder Betonfertigteile genutzt werden.

5 | Prozesse

Der Prozess, mit dem ein Gebäude erstellt wird, ist entscheidend für seine spätere Qualität und die Herstellungskosten. Ein guter Produktionsprozess zeichnet sich dadurch aus, dass er die Zielvorgaben des Kunden effizient von der Planung bis zum fertigen Gebäude umsetzt. Der Produktionsprozess lässt sich in vier Phasen unterteilen: die Planung, die Produktion oder Vorfertigung in der Fabrik, die Logistik der Anlieferung an die Baustelle und die Montage vor Ort (1).

Innerhalb des Prozessmanagements (2) sind folgende Zielvorgaben für eine erfolgreiche Produktion maßgeblich: Kostenmanagement (niedrige Produktkosten und Kostensicherheit für Kalkulation), Zeitmanagement (kurze Planungs- und Bauphasen und Einhaltung des kalkulierten Zeitrahmens), Qualitätsmanagement (Einhaltung der Qualitätsstandards). Diese Zielvorgaben müssen über alle Phasen hinweg kontrolliert und gesteuert werden.

Vorbild Automobilindustrie

Die Automobilindustrie gilt für innovative Fertigungsprozesse als Schlüsselindustrie. Henry Ford, der Gründer der Ford Motor Company in Detroit, revolutionierte die Automobilherstellung durch die Einführung der Fließbandproduktion (3). Bis dahin wurden Automobile als handwerkliche Einzelstücke in einem kosten- und zeitintensiven Prozess von qualifizierten Fachkräften gebaut. Bei der neuen Fließbandproduktion kamen nicht die Arbeiter zum Werkstück, sondern das Werkstück bewegte sich auf dem Fließband zum Arbeiter, der nur wenige einfache, sich bei jedem Auto wiederholende Arbeitsschritte zum Gesamtprozess beisteuerte (4). Mit dieser Methode konnte Ford bei seinem Modell T die Produktionszeit von zunächst 12,5 Stunden auf sechs Stunden, also um mehr als die Hälfte reduzieren. Er stellte von diesem Modell im Jahr 1909 nach Einführung der Fließbandproduktion 10.000 Fahrzeuge zu einem Preis von 950 Dollar pro Stück her. Die Gewinne wurden in die kontinuierliche Verbesserung der Produktionstechniken gesteckt, wodurch weitere Effizienzsteigerungen und Preissenkungen möglich waren. Innerhalb von 19 Jahren Produktionszeit konnte der Preis auf 280 Dollar gesenkt werden. Bis zur Einstellung der Produktion im Jahr 1927 verkaufte Ford alleine in den USA 15 Millionen Autos dieses Typs. Erst 1972 wurde dieser Produktions- und Verkaufsrekord vom VW Käfer übertroffen.

In den 1920er Jahren wurde in Deutschland versucht, mit den Fertigungsmethoden der Bauindustrie des „Neuen Bauens" den Erfolg des Ford – das Auto für alle – auf den Wohnraum zu übertragen. Auch wenn innerhalb kürzester Zeit, wie beispielsweise in Frankfurt am Main unter der Leitung von Ernst May zwischen 1926 und 1930 15.000 Wohnungen. gebaut wurden, konnte das primäre Ziel, die bezahlbare Wohnung für

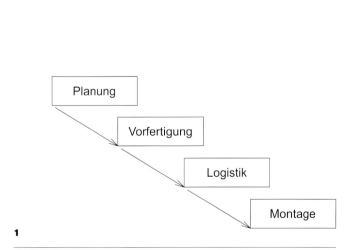

1

Die vier Phasen des Produktionsprozesses
Auf die Planung folgt die Produktion oder Vorfertigung in der Fabrik;
die Anlieferung an die Baustelle erfordert eine spezielle Logistik und die
Montage geschieht dann vor Ort.

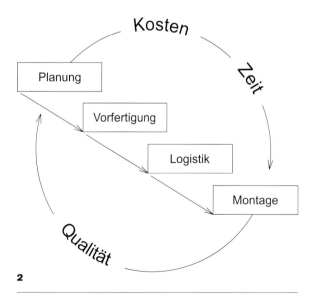

2

Kosten- und Zeitmanagement
Kosten- und Zeitmanagement sowie Qualität sind die Zielvorgaben
für alle Phasen des Prozesses.

alle, nicht erreicht werden. In diesem Fall stiegen schon während der Planungsphase die Grundstückspreise so stark an, dass die Vorgabe eines kostengünstigen Hauses für ein Massenpublikum schon allein deswegen nicht erreicht und der soziale Gedanke des Neuen Bauens nicht umgesetzt werden konnte. Viele spätere Versuche einer Massenfertigung von Wohnhäusern führten aus den unterschiedlichsten Gründen nicht zum Erfolg.

Lean Production

In den 1950er Jahren begannen Eiji Toyoda und Taichi Ohno die Produktionsmethode Henry Fords weiterzuentwickeln, hin zum flexibleren Toyota-Produktionssystem, auch Lean Production genannt. Eiji Toyoda hatte die amerikanischen Fabriken besichtigt und für die Massenproduktion ein erhebliches Verbesserungspotenzial entdeckt. Anders als bei Fords Massenproduktion wurde von Toyota nicht nur auf einen schnellen Produktionstakt der Einzelteile geachtet, sondern auf einen effizienten und flexiblen Ge-

3

Fließbandproduktion Ford-T-Modell
Mit der Einführung der Fließbandproduktion konnte die Ford Motor Company in Detroit die Automobilindustrie revolutionieren und so die handwerkliche Produktion in eine industrielle überführen.

4

Zusammenführen von Chassis und Karosserie des Ford-T-Modell
Die auf verschiedenen Ebenen vormontierten Bauteile werden in der sogenannten Hochzeit zum fertigen Automobil vereinigt.

samtprozess (5). Kurz gesagt, bedeutete Lean Production, Lagerhaltung oder Transporte zu vermeiden und die Arbeitsabfolge flexibel auf einen gleichmäßigen Arbeitsfluss, der durch Kundennachfrage gesteuert wird, einzustellen. Um die Zulieferung von anderen Firmen unkompliziert in den Montageprozess einzubinden, werden bei Lean Production die Zulieferfirmen möglichst in unmittelbarer Nähe des Montagewerks angesiedelt. Die Arbeiter sind direkt am Qualitätsmanagement beteiligt und darin verantwortlich eingebunden. Dieser Prozess bietet nicht nur höhere Produktivität und Qualität, sondern ist auch hinsichtlich seiner Produktvielfalt wesentlich flexibler als die Massenfertigung. Bei Lean Production können unterschiedliche Modelle auf einem Fließband hergestellt werden. Toyota gehört heute nicht zuletzt aufgrund der konsequenten Umsetzung dieser Produktionsmethode an der Börse zu den weltweit erfolgreichsten Automarken.

Wegen seiner größeren Flexibilität ist Lean Production auch für die Bauindustrie besser geeignet. Sie wird heute erfolgreich von einigen Systemherstellern angewandt, darunter die Daiwa House Group aus Japan und De Meeuw aus den Niederlanden.

Der Technologietransfer von der Automobil- in die Bauindustrie hat allerdings Grenzen. Das Auto ist ein Massenprodukt das aus präzise zugeschnittenen Einzelteilen besteht, die in wenigen Varianten in großen Stückzahlen hergestellt werden. Dies gilt nicht für vorgefertigte Bauten, die in kleineren Stückzahlen produziert werden und deren Komponenten in zahlreichen Varianten existieren müssen, damit sie an die individuellen Kundenwünsche angepasst werden können.

Systemprozesse

Systeme dienen dazu, komplexe Planungs- und Bauprozesse zu vereinfachen. Ihr besonderer Charakter liegt darin, dass sie nicht an eine spezielle Bauaufgabe gebunden sind, sondern als universelle Lösungen eingesetzt werden können. Man kann Primär- und Sekundärsysteme unterscheiden. Primärsysteme umfassen alle Komponenten eines Hauses und sind in der Regel auf einen Gebrauchstypus ausgerichtet. Für die Entwicklung eines Sekundärsystems werden einzelne, in sich geschlossene Prozesse aus einem Gesamtbauprozess herausgelöst, die als Musterlösungen fungieren. Weil sie für eine Vielzahl von Anwendungen entwickelt werden, können diese Musterlösungen optimiert betrachtet werden. Der Prozess als Musterlösung unterliegt einer ständigen Wiederholung und kann daher durch die Erfahrungen einer jeden Anwendung ständig überarbeitet und verbessert werden (6).

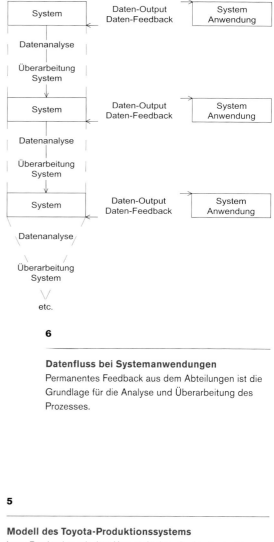

6

Datenfluss bei Systemanwendungen
Permanentes Feedback aus dem Abteilungen ist die Grundlage für die Analyse und Überarbeitung des Prozesses.

Beste Qualität – niedrigste Kosten – kürzestmögliche Durchlaufzeiten – größte Sicherheit – hohe Arbeitsmoral Verkürzung der Produktionszeit durch die Eliminierung nicht werthaltiger Elemente		

Just-In-time
 	
die richtigen Teile in der richtigen Menge zur richtigen Zeit
 	
- Taktzeit
- Kontinuierlicher Fluss
- Pull-System
- Kurze Umrüstzeiten
- Integrierte Logistik
	Menschen und Teamwork
	- Selektion - Gemeinsame Ziele
	- Entscheidungs- - Crossworking
	  findung nach
	  dem Ringi-System
	
	kontinuierliche Verbesserung
	
	**Eliminierung
	nicht werthaltiger Elemente**
	- *genchi genbutsu* - Bewusstsein
	- 5-W-Methode für Verschwen-
	(fünfmaliges Fragen dung
	nach dem Warum zur - Problemlösung
	Ursachenbestimmung)
		Jidoka
		Prozessimmanente Qualität in jeder Arbeitssituation macht Probleme deutlich
		- Automatischer Produktionsstopp
		- Andon
		- Teilung zwischen Mensch u. Maschine
		- Selbstgesteuerte Fehlererkennung
		- Qualitätskontrolle an jeder Arbeitsstation
		- 5-W-Methode

Produktionsnivellierung *(heijunka)*		
Stabile und standardisierte Prozesse		
Visuelles Management		
Philosophie der Toyota-Methode		

5

Modell des Toyota-Produktionssystems
Lean Production mit dem Kerngedanken der kontinuierlichen Verbesserung, die die Gesamtheit des Prozesses und alle Beteiligte umfassen soll.

Planung

Die Planung ist der Prozess, in dem die Gestaltung des Gebäudes, seine Konstruktion und der Bauablauf definiert werden. Hier werden alle Zielvorgaben hinsichtlich Kosten, Zeit und Qualität festgelegt und nachhaltig beeinflusst. Entscheidungen, die hier getroffen werden, können in den folgenden Phasen nur wenig korrigiert werden. Ein Beispiel für den Einfluss der Planung auf den Gesamtbauprozess ist das Kostenmanagement. Nach der Planungsphase nimmt die Beeinflussbarkeit der Kosten erheblich ab (7).

Nur wenn innerhalb der Planung die Abläufe der späteren Produktionsprozesse ausreichend berücksichtigt werden, können Kostenkalkulation und Fertigstellungszeitraum später präzise eingehalten werden. Die Planung hat von der Gesamtkonzeption bis hin zur Detailentwicklung Auswirkungen auf den gesamten Bauprozess. Weil die Planungs- und Bauprozesse sehr stark miteinander vernetzt sind und schon die ersten Planungsschritte eine erhebliche Weichenstellung für alle weiteren Abläufe bedeuten, versucht man heute frühzeitig mit allen Planungsbeteiligten und wenn möglich Baufirmen ein Team für einen integrierten Planungsprozess zusammenzustellen.

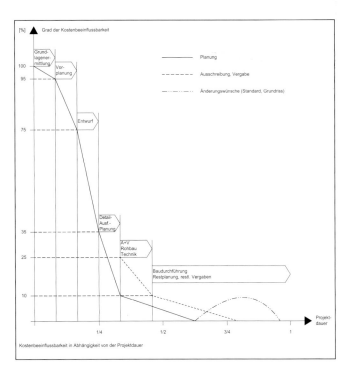

7

Abhängigkeit der Kostenbeeinflussbarkeit von der Bauphase
Bei der Planung werden alle Zielvorgaben hinsichtlich Kosten, Zeit und Qualität festgelegt. Nach der Planungsphase nimmt die Beeinflussbarkeit der Kosten erheblich ab.

Planungssysteme

Planungssysteme sind die jüngste Entwicklung im Systembau. Wie bei den konstruktiven Systemen wird mit ihnen versucht, Erkenntnisse aus der industriellen Fertigung auf das Bauen zu übertragen. Sie werden von Bauunternehmen und Hochschulen entwickelt. Seit etwa 15 Jahren ist die Umstellung der Planung auf CAD-Systeme in Architekturbüros nahezu vollständig abgeschlossen. Damit wurde eine Möglichkeit geschaffen, Planungsdaten in Form von CAD-Zeichnungen direkt für die Vorfertigung von Bauteilen in einem computergesteuerten Produktionsprozess, CAM-Prozess genannt, zu verwenden. Geschlossene CAD/CAM-Prozesse werden in der Industrie häufig genutzt, bei Bauprozessen werden sie bisher jedoch immer noch selten angewandt. Die Werkplanung der Architekten ist häufig noch so weit vom Vorfertigungsprozess getrennt wie vor der Einführung der CAD-Systeme. Planungssysteme ermöglichen einen geschlossenen CAD/CAM-Prozess.

Bei Planungssystemen wird der Bauprozess durch festgelegte, sich wiederholende Planungsschritte determiniert. Bauprozesse, die aus diesen Systemen definiert werden, sind individuelle Bauprozesse ohne Festlegung auf spezielle Firmen, Bauweisen oder Bauprodukte. Mithilfe dieser Systeme können architektonische Planungen in projektspezifische konstruktive Systeme übersetzt werden. Diese Systeme haben den Vorteil, dass sie auf jede architektonische Variante eingehen können. Ihr Nachteil ist, dass beim folgenden Bauprozess weniger Einfluss auf das Kosten-, Zeit- und Qualitätsmanagement der beauftragten Firmen genommen werden kann, da sie nicht auf spezifische Firmen abgestimmt sind.

Konstruktionssysteme

Im Gegensatz zu den Planungssystemen stehen Konstruktionssysteme; ein Beispiel hierfür ist der Raummodulbau (8), der aus einer konstruktiven und logistischen Idee heraus entwickelt wurde. Bei diesen Systemen wird die Planung durch die konstruktiven und logistischen Festlegungen der Produktionsprozesse determiniert. Die größte Schwierigkeit besteht darin, eine individuelle architektonische Planung in den standardisierten Bauprozess eines solchen modulbasierten Systems zu übersetzen. Wenn ein System auf Elementen mit festen Modulgrößen basiert, kann es nur annäherungsweise auf die Vorgaben eines spezifischen Entwurfs eingehen. Der individuelle Entwurf wird an die Modulgröße angepasst und dabei häufig stark verändert. Der Vorteil dieser Systeme liegt im sich wiederholenden Bauprozess, der in der Regel unter der Regie eines Bauunternehmens abläuft. Er ermöglicht, dass Kosten, Termine und Qualität zentral gesteuert werden, was schon bei der Planung exakte Prognosen zu diesen Parametern erlaubt.

Computergestützte Planungssysteme

Um die Erfahrungen und Ergebnisse der langjährigen Forschung am Institut für industrielle Bauproduktion der Universität Karlsruhe in die Praxis zu übertragen, wurde 1998 das Unternehmen Digitales Bauen gegründet. Der hauptsächliche Forschungsgegenstand in den 1980er und 1990er Jahren am Institut waren die Gebäudebaukästen von Fritz Haller, hier insbesondere der Gebäudebaukasten Midi (s. S. 34f.) sowie das Installationsmodell Armilla (s. S. 70f.). In einer Vielzahl von Forschungsprojekten entstanden Konzepte für eine umfassende und durchgängige Computerunterstützung von Planung, Bau und Betrieb dieser Gebäude. Aus diesem Kontext heraus wurde eine neue Planungsmethodik entwickelt, die individuelle Architekturentwürfe systematisch definiert, in Module zerlegt, diese in einem integrativen Prozess wieder zusammenführt und im Detail ausarbeitet. Die Grundthese, aus der digitales Bauen seine Methodik ableitet, ist, dass jedes Bauwerk in hohem Maße aus Wiederholungen besteht und daher auch in einem für das Gebäude spezifischen Baukasten definiert werden kann. Nicht das Haus ist das Serienprodukt, sondern seine Einzelteile bilden Serien innerhalb des Gesamtsystems eines Gebäudes.

Der Planungsprozess orientiert sich an CAD/CAM-Prozessen anderer Industriezweige. Ein Gebäude wird in sich wiederholenden Projektstandards definiert, die innerhalb der Planung so übersetzt werden, dass sie als Komponenten eines spezifischen Baukastens anhand von CAD-Plänen und Leistungsbeschreibung in Vorfertigung hergestellt werden können. Das bedeutet, dass für jede Planung spezifische Komponenten entwickelt werden, deren Definition von der architektonischen Vorgabe bestimmt wird. Um diesen Prozess zu steuern, werden über eine passende Kommunikationsstruktur und Projektorganisation alle Fachdisziplinen wie zum Beispiel Haustechnik und Statik, aber im Idealfall auch das produzierende Unternehmen frühzeitig in die Planung integriert. Die gesamte Prozesskette, von der Planung über die Vorfertigung, Logistik und Montage bis zum Facility-Management, wird über den gesamten Zeitraum des Projekts hinweg aus einem Datensatz heraus digital gesteuert. Das bedeutet, dass es mithilfe einer durchgängigen Computer- und Datenbankunterstützung möglich ist, zu jedem Zeitpunkt des Prozesses Zugriff auf alle bau- und nutzungsrelevanten Daten des Gebäudes zu bekommen.

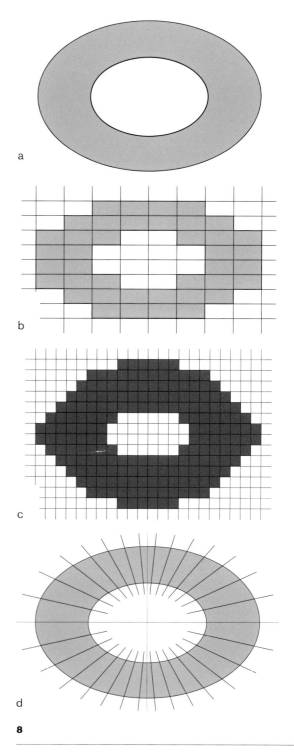

a

b

c

d

8

Funktionsweise Planungs- oder Konstruktionssystem
Relevant für die exakte Umsetzung des individuellen Entwurfs ist die Auswahl eines Planungs- oder Konstruktionssystem, welches die systembedingten Anpassungen des Entwurfs definiert.
a Individuelle Vorgabe (Entwurf)
b Grobe Rasterung beim Raummodulsystem (Konstruktionssystem)
c Feinere Rasterung beim Baukastensystem (Konstruktionssystem)
d Individuell angepasste Module beim Planungssystem

Eine ähnliche Strategie wurde beim Planungsprozess des Mercedes-Benz-Museums (9) verfolgt. In einer frühen Entwurfsphase wurde ein parametrisches CAD-Modell entwickelt. Die Geometrie wurde nicht mit festen Werten beschrieben, sondern in Abhängigkeit von weiteren Parametern wie Haustechnik, Tragwerk und Vorgaben der Bauordnung. Durch gegenseitige Abhängigkeiten wurden Änderungen eines Parameters in ihrer Relevanz auf die anderen Bedingungen übertragen und die angrenzenden Bereiche neu berechnet. Der Planungsprozess erforderte ein kooperatives Arbeitsfeld von Architekten, Ingenieuren, Mathematikern und Informatikern, in dem Fragestellungen mit innovativen und technisch aufwendigen Methoden gelöst wurden. Simultan konnten alle Beteiligten als Team an dem Modell arbeiten, zeit- und kommunikationsintensive Übergaben von Informationen durch Schnittstellen entfielen und die Ergebnisse konnten direkt in die Fertigung des Tragwerks und der Fassade einfließen.

Bauprozesse

Üblicherweise werden mit dem Bauprozess die Montagearbeiten vor Ort auf der Baustelle verbunden. Der Vorfertigung und der Logistik werden als untergeordneten Bauprozessen nur wenig Aufmerksamkeit gewidmet. Das liegt daran, dass die meisten Gebäude bis heute in Vor-Ort-Bauweise erstellt werden. Allerdings werden auch bei diesen Baustellen vorgefertigte, halbfertige Produkte wie Fensterelemente oder Filigranplatten verwendet. Die drei Produktionsschritte Vorfertigung, Logistik und Montage gelten deswegen für alle Baustellen. Unterschiedlich sind lediglich die Anteile, welche die einzelnen Schritte in den Abläufen von Vor-Ort-Bauprozessen und Systembauprozessen einnehmen.

9

Mercedes-Benz-Museum, Stuttgart, UN Studio, 2006
Das Gebäude war das Ergebnis eines integrativen und vernetzten Planungsprozesses.

Vor-Ort-Bauweise

Bei der Gebäudeproduktion ist die Vor-Ort-Bauweise bis heute vorherrschend. Dabei findet ein sehr großer Anteil der Produktion auf der Baustelle statt. Rohmaterialien und halbfertige, vorgefertigte Produkte werden auf die Baustelle geliefert, dort zwischengelagert und von Handwerkern weiterverarbeitet. Die Bauprozesse einer Vor-Ort-Bauweise sind wenig spezialisiert, und besonders bei den Innenausbaugewerken sind die Investitionen für eine Produktion niedrig. Bei dieser konventionellen Bauweise reicht die Firmenstruktur vom Kleinstunternehmen bis zu internationalen Konzernen. Entsprechend viele Firmen unterschiedlichster Größe konkurrieren um Aufträge. Der daraus folgende hohe Wettbewerbsdruck führen in vielen Fällen trotz ineffizienter Prozessgestaltung dazu, dass die Vor-Ort-Bauweise für den Auftraggeber oft zunächst preisgünstiger erscheint als eine Vorfertigung. Sie hat allerdings auch entscheidende Nachteile. Die Baustelle ist als Ort der Produktion in vielerlei Hinsicht ungeeignet (10). Sie ist räumlich beengt. Unterschiedliche Gewerke müssen sich den unfertigen Raum als Arbeitsfläche teilen, was die Gefahr birgt, dass sie sich auf engem Raum gegenseitig behindern. Sie kann bestenfalls provisorisch und temporär mit Werkzeugen und Versorgungsmedien eingerichtet werden. Eine Lagerhaltung ist je nach Lage der Baustelle schwierig und der Witterungsschutz je nach Bauphase unzureichend (11). Die Folge davon ist, dass eine Vor-Ort-Bauweise viele Unwägbarkeiten hinsichtlich der Kosten, der benötigten Arbeitsstunden und der Produktqualität in sich birgt.

10

Baustelle als Produktions- und Lagerort
Bei der Vor-Ort-Bauweise erfolgen Lagerung von Baumaterialien sowie die Produktion auf der Baustelle, was verschiedene Nachteile mit sich bringt.

11

Handwerkliche Arbeit auf der Baustelle
Rohmaterialien und halbfertige, vorgefertigte Produkte werden auf die Baustelle geliefert, dort zwischengelagert und von ausgebildeten Handwerkern weiterverarbeitet.

Vorfertigung

Das Ziel vieler Systementwicklungen besteht darin, den Bauprozess so weit wie möglich zu entflechten und von der Baustelle in die Fabrik zu verlagern (12). Um Teile eines Gebäudes vorfertigen zu können, muss es planerisch in Fertigungseinheiten für die Fabrikproduktion zerlegt werden. Diese Einheiten, auch Komponenten oder Module genannt, müssen hinsichtlich ihres Gewichts, ihrer Größe und Oberflächenempfindlichkeit so definiert werden, dass sie in der Fabrik und zur Baustelle hin problemlos transportierbar und für die Montage auf der Baustelle handhabbar sind (14).

Bei einer Vorfertigung können die Einzelprozesse durch die räumliche Entflechtung in den jeweiligen Fabriken ungehindert geplant werden (13). Hier gibt es keine ungünstigen Witterungsschwankungen, und der Fabrikraum kann optimal für den Produktionsablauf mit Spezialeinrichtungen wie beispielsweise Transport- oder Automationssystemen eingerichtet werden. Ein weiterer Vorteil der Vorfertigung in der Fabrik ist, dass es die gleichbleibenden Bedingungen ermöglichen, die Arbeitsschritte genauer zu beobachten und unter den genannten Qualitätskriterien zu verbessern. Die Investitionskosten für Fabrikhallen und Maschinenausstattung sind ein Nachteil, der bei der Vorfertigung in Kauf genommen werden muss.

12

Vorfertigung von Betonteilen
Das Ziel vieler Systementwicklungen besteht darin, den Bauprozess so weit wie möglich zu entflechten
und von der Baustelle weg in die Fabrik vorzuverlagern.

13

Vorfertigung von Fensterelementen
Um Teile eines Gebäudes vorfertigen zu können, muss es planerisch in Fertigungseinheiten für die Fabrikproduktion zerlegt werden.

14

Vorfertigung von Stahlträgern
Die vorgefertigten Einheiten, Komponenten oder Module müssen hinsichtlich ihres Gewichts, ihrer Größe und Oberflächenempfindlichkeit so definiert werden, dass sie innerhalb der Fabrik und zur Baustelle hin problemlos transportierbar und für die Montage auf der Baustelle handhabbar sind.

Logistik

Die Logistik ist wichtig für einen reibungslosen und effizienten Bauablauf. Die notwendigen Bauteile oder Module müssen zum exakten Zeitpunkt geliefert werden, um unnötige Wartezeiten bei der Montage oder Lagerhaltung zu vermeiden (15). Besonders bei Systembaustellen muss die Logistik genau mit der schnell ablaufenden Montage der Komponenten koordiniert werden. Je höher der Vorfertigungsgrad ist, desto größer der Einfluss, den die Logistik auf den Bauablauf nimmt. Die Logistik ist das Werkzeug, mit dem Zeit und damit auch Kosten eingespart werden können. Besonders bei innerstädtischen Baustellen, bei denen die Baustelleneinrichtung einen relevanten Teil der Gesamtbaukosten ausmacht, führen die kürzere Bauzeit bei Systemprozessen und die geringe Lagerhaltung zu erheblichen Kostensenkungen.

Montage auf der Baustelle

Grundlage eines effizienten Montageprozesses ist die exakte Ablaufplanung der Montage, die für jeden Schritt und jedes Bauteil vorgeplant wird. Die Baustelle muss für die Entladung und den Umgang mit größeren Bauteilen oder Komponenten mit Verlademöglichkeiten und Transporteinrichtungen vorbereitet werden.

Bei einem idealen Bauprozess mit hohem Vorfertigungsanteil verringert sich die Arbeit auf der Baustelle auf eine schnell ablaufende Just-in-time-Montage von fertigen Komponenten (16), die im Idealfall so einfach durchzuführen ist, dass sie kostengünstig von wenig spezialisierten Arbeitskräften geleistet werden kann (17). Die komplizierten Montageprozesse sollten in der Vorfertigung beendet worden sein. Die Risiken, welche die wechselnden äußeren Bedingungen auf der Vor-Ort-Baustelle darstellen, können durch diesen kurzen Montageprozess minimiert werden. Es gibt allerdings Teile des Bauprozesses, die in der Regel nicht in Vorfertigung ausgeführt werden können. Das betrifft die ersten und die letzten Arbeitschritte vor Ort. Dazu gehören die Vorbereitung des Baugrundes, die Fundamente und die letzten Feinarbeiten im Innenausbau.

15

Anlieferung von Betonfertigteilen
Die Logistik ist wichtig für einen reibungslosen Bauablauf. Die Bauteile oder Module müssen genau zum richtigen Zeitpunkt geliefert werden, damit unnötige Wartezeiten oder Lagerhaltung vermieden werden.

Optimiertes Vor-Ort-System

Ein System muss nicht zwangsläufig auf einem hohen Vorfertigungsgrad beruhen. Es besteht auch die Möglichkeit, mit Systemen nur den Bauprozess vor Ort zu standardisieren und zu optimieren. Das Unternehmen Quadrant Homes aus den USA organisiert den Bau von Einfamilienhäusern auf der Baustelle vor Ort ähnlich wie eine Vorfertigung in der Fabrik. Der gleichmäßige Arbeitsfluss wird dadurch erreicht, dass immer mehrere Häuser gleichzeitig errichtet werden und die Abfolge der Gewerke bei jedem Haus präzise wie in der Fabrik aufeinander abgestimmt wird. Dieser Arbeitsablauf wird bei jeder Baustelle gleich organisiert und lebt davon, dass immer eine größere Anzahl von Häusern mit identischer Gestaltung gleichzeitig gebaut wird. Die Gewerke wandern dabei wie bei einer umgekehrt ablaufenden Fließbandfertigung in der Folge der Produktionsschritte von Haus zu Haus.

16

Rohbaumontage
Bei einem Bauprozess mit hohem Vorfertigungsanteil schrumpft die Arbeit auf der Baustelle zu einer schnell ablaufenden Just-in-time-Montage von fertigen Komponenten zusammen.

17

Montage von Innenwandelementen
In einem idealen Bauprozess ist die Montage so einfach durchzuführen, dass sie kostengünstig von ungelernten Arbeitskräften geleistet werden kann.

Lean Production bei Modulbauweise

Ein Beispiel für einen Produktionsprozess mit hohem Vorfertigungsanteil nach Lean-Production-Grundsätzen sind die Raummodule der Firma De Meeuw in Eindhoven, die beispielsweise als Bürogebäude, Schul- oder Krankenhausbauten eingesetzt werden (18). Grundlage ist die Vorfertigung eines maximal großen, noch auf der Straße transportfähigen Moduls. Größere Module würden für die Transportfahrten Sondergenehmigungen erfordern, was zusätzliche Kosten, Genehmigungsverfahren und eingeschränkte Transportzeiten in der Nacht bedeutet. Es können bis zu 24 Module am Tag produziert werden. Der Fertigungstakt ist nicht festgelegt, sondern wird den Bedürfnissen der Baustellen angepasst. Auf einem Fließband können so, nach den Prinzipien der Lean Production, unterschiedliche Modulsysteme, beispielsweise MAX 21, Kombi 21 und Flexicom, gleichzeitig gebaut werden. Die Haustechnik wird von einem externen Zulieferer eingebaut, der in derselben Montagehalle arbeitet und in den gesamten Ausbauprozess integriert ist. Die Module werden vom Lagerplatz just in time zur Baustelle geliefert und dort zum fertigen Gebäude montiert. Das Gebäude wird zum Schluss handwerklich auf der Baustelle fertiggestellt.

Lean Production bei Bauteilbauweise

Auch die Daiwa House Group, die Einfamilienhäuser erstellt, arbeitet nach den Grundsätzen der Lean Production. Die Planung findet in einer zentralen Planungsstelle statt, die ihre Informationen an die Vorfertigung im Werk weiterleitet. Bei ihrem System werden keine Raummodule, sondern Bauteile wie Rahmen, Dachbinder, Fassadenpaneele, Dachpaneele, Decken und Bodeneinheiten im Werk vorgefertigt. Auch hier sind Zulieferfirmen mit im Werk untergebracht, die für die Vorfertigung Teile von Tragwerkskomponenten oder Aluminiumfenster montieren und zur Weiterbearbeitung für den Gesamtbauprozess bereitstellen. Die Montageprozesse der unterschiedlichen Bauteile finden parallel in der Fabrik statt. Der Fertigungsprozess ist so eingerichtet, dass bei der Vorfertigung individuelle Varianten berücksichtigt werden können, sodass der Anteil von Standardgebäuden bei nur 30 % liegt. Ein komplettes Haus wird im Werk in fünf Stunden vorgefertigt. Die vorgefertigten Bauteile werden auf die Baustelle geliefert, dort von speziell geschulten Partnerfirmen vor Ort montiert und handwerklich bis zum fertigen Haus mit Innenausbau und Haustechnik komplettiert. Der Bauprozess vor Ort dauert ca. drei Monate.

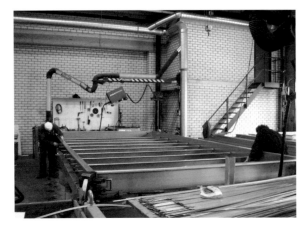

a

b

d

e

Vorteile und Probleme von Systemprozessen

Die Optimierung des Bauprozesses ist das Ziel jeder Systement-wicklung. Dabei werden je nach Ausgangslage und Zielvorstel-lung unterschiedliche Schwerpunkte gesetzt. Systeme sind am erfolgreichsten, wenn kurze Planungs- und Bauzeiten benötigt werden. Die meisten Systeme sind auf diese Vorgabe hin ent-wickelt worden. Auch eine gesicherte und gleichbleibende Qua-lität der Gebäude ist ein Merkmal vieler Systeme gegenüber kon-ventionellen Baumethoden. Nach wie vor ist es schwierig, durch einen optimierten Prozess Gebäude kostengünstiger zu produ-zieren als mit einer handwerklichen und damit konventionellen Bauweise. Allerdings erhöhen die ständig steigenden Baukosten

und der in vielen Ländern bestehende Fachkräftemangel die Not-wendigkeit, durch einen optimierten Bauprozess in Zukunft auch die Kosten gegenüber konventionellen Bauprozessen günstiger zu gestalten. Die wichtigste Aufgabe bei der Entwicklung von Systembauprozessen in der Zukunft liegt in der Anpassbarkeit an individuelle Architekturentwürfe. Dass bisher mit den meisten Konstruktionssystemen diese Umsetzung nur unzureichend mög-lich war, ist der Hauptgrund, warum sich das Bauen mit Syste-men bis heute so wenig durchsetzen konnte. Dieses Potenzial besitzen nur computergestützte Planungssysteme, da sie nicht auf vorgegebene Konstruktionen und Bauteile festgelegt sind.

c

f

18

Das Raummodulsystem der Firma De Meeuw ist ein Beispiel für einen Produktionsprozess nach Lean-Production-Grundsätzen
Vorfertigung und Montage erfolgen in dieser Reihenfolge:
(obere Reihe) a Schweißen der Grundplatten, b Aufbau der Tragkonstruktion, c Ausbau mit Innenwänden und Fassade
(untere Reihe) d Fertiges Modul, e Auslieferung, f Montage auf der Baustelle

6 | Bauteile: Systeme, Module und Elemente

Systeme und Subsysteme

In diesem Kapitel werden Systeme als solche erläutert, die entweder in Ebenen der Konstruktion oder in einzelne Bauteile wie Dach, Fassade etc. unterteilt werden können oder – alternativ betrachtet – nach den Gewerken der Konstruktion kategorisiert werden können. Abschließend wird der Vorfabrikationsgrad von Konstruktionen sowie Möglichkeiten der Verbindung diskutiert. Die verschiedenen Herangehensweisen an die Konstruktion sind notwendig, um die im Bauwesen gebräuchlichen Begrifflichkeiten und Methoden zu erläutern.

Ein System ist ein Gefüge aus einzelnen Elementen, die eine Gesamtheit bilden. Für den Bereich des Bauens bedeutet dies, dass einzelne Bauteile die Gesamtheit erzeugen (1) – zum Beispiel ein aus Backsteinen zusammengefügtes Haus (2). Die Entwicklung zu komplexeren Gebäuden, beispielsweise einer Skelettkonstruktion mit Fassadenmodulen als Hülle sowie einem Inneren aus Trennwänden und technischen Ausstattungskomponenten, führt zu einer weitergehenden Gliederung des Systems in Primärsystem, Sekundärsystem sowie Modul und Element (3).

1

Natursteinmauerwerk
Einfaches System aus Elementen: Natursteinmauerwerk, verarbeitet ohne Mörtel, also ein vollständiges System aus lediglich einer Art von Elementen.

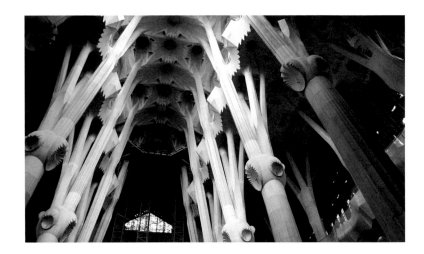

2

Sagrada Familia, Barcelona, Antoni Gaudí, 1882–1926
Mauerwerksteine sind dem Kraftfluss folgend angeordnet, wodurch zwar die Komplexität der Geometrie steigt, die Einfachheit des Systems aus einer Art von Element jedoch bestehen bleibt.

3

Conservatorium van Amsterdam, de Architekten Cie., 2008
Gesamtsystem, welches aus mehreren Sekundärsystemen (Hülle, Dach etc.) mit einzelnen Modulen (Fassade) besteht, die sich wiederum aus einzelnen Elementen (Fenster etc.) zusammensetzen.

In Analogie zu dem Vorgang der Zergliederung in verschiedene Ebenen und entsprechende Elemente kann ein System auch als geometrische Fügung dargestellt werden: Hierbei beginnt die Entwicklung einer Konstruktion mit dem verbindenden Knoten im Raum, das heißt der Verknüpfung von mehreren Ebenen (4). In einem zweiten Schritt werden die einzelnen Elemente der Konstruktion zusammengesetzt und bilden das konstruktive Primärsystem. Um den Raum zu schließen, werden diese Elemente mit dem Sekundärsystem der füllenden Elemente überlagert. Die einzelnen Teile der Systeme können aus Modulen, welche sich aus Elementen zusammensetzen, oder aus Elementen selbst erzeugt werden.

Alternativ kann von raumbildenden Modulen ausgegangen werden, die dann zu den zusammengesetzten Einzelteilen eines Systems werden (5). Auch hier bestehen die Module aus einzelnen Elementen. Es entsteht eine komplexe Konstruktion, welche, da sie auf vollständigen Modulen oder Subsystemen basiert, gut ein systematisiertes und vorgefertigtes Bauen ermöglicht (6, 7).

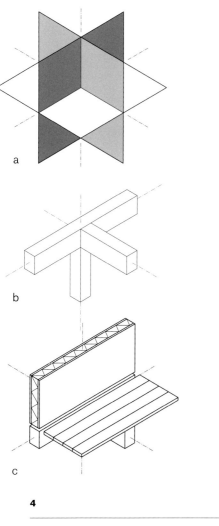

a

b

c

4

_____

Konstruktion als Entwicklung aus dem Knoten
Die Geometrie der drei Ebenen definiert einen Knoten im Raum (a), das Primärsystem (b) bildet die Tragstruktur und das Sekundärsystem (c) als Hülle, zum Teil mit tragender Funktion.

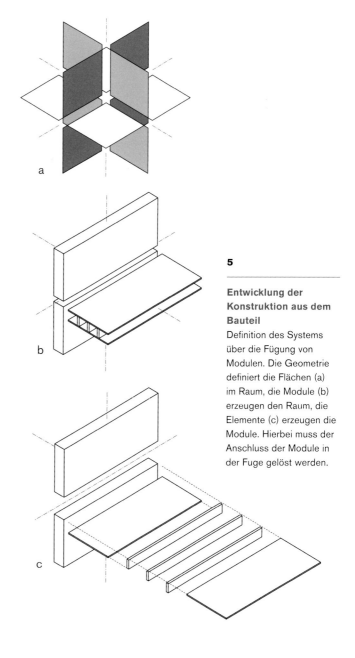

a

b

c

5

_____

Entwicklung der Konstruktion aus dem Bauteil
Definition des Systems über die Fügung von Modulen. Die Geometrie definiert die Flächen (a) im Raum, die Module (b) erzeugen den Raum, die Elemente (c) erzeugen die Module. Hierbei muss der Anschluss der Module in der Fuge gelöst werden.

6

Pfosten-Riegel-Konstruktion im Fassadenbau
Detailaufnahme einer Fassadenkonstruktion aus
Elementen (z. B. Pfosten und Isolierverglasungen).
Die Montage dieses zusammengesetzten Sekundär-
systems (Fassade) geschieht vollständig vor Ort.

7

Elementfassade im Bau
Modular aufgebautes Fassadensystem, das aus einzelnen
Elementen vorgefertigt wird und dann mit dem Ziel der
Zeitersparnis nur noch vor Ort montiert wird.

9

Sekundärsystem
Sekundärsystem, bestehend aus den Modulen
Fassaden, Wände, Decke, Dach und Boden.

Ebenen der Konstruktion

Bauwerke können in verschiedene Konstruktionsebenen unter-
gliedert werden:

Das System, bestehend aus Primär- und Sekundärsystem,
bezeichnet das Haus als Ganzes, das aus Modulen wie Wänden,
Decken, Böden etc. zusammengesetzt ist. Die Module bestehen
wiederum aus Elementen. Das Primärsystem stellt hierbei meist
das statische Gerüst eines Hauses dar, während das Sekundärsystem meist die Gebäudehülle ist (8, 9).

Module sind: Fassadenmodule, Fenster, Türen, Treppen, Dach-
systeme etc.

Elemente sind: Ziegelsteine, Fensterscheiben, Fensterrahmen,
Dachbalken etc.

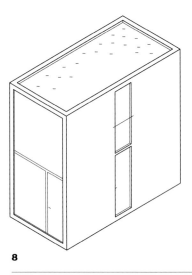

8

Primärsystem
Primärsystem, bestehend aus den raumbildenden
Modulen, den tragenden Wänden, die wiederum aus
Sekundärsystemen bestehen.

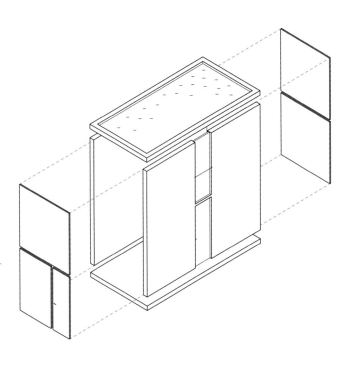

Diese Unterteilung ist hierarchisch. So können zum Beispiel mehrere Elemente ein Modul bilden und die Gesamtheit der Module dann das System.

Systeme, ob auf der Ebene des Primärsystems oder des Sekundärsystems, bestehen aus Modulen. Die Gliederung von Modulen eines Gebäudes ist einfach, solange eine eindeutige Funktionstrennung sich auch in getrennten Modulen widerspiegelt: Ein Dach funktioniert als Witterungsschutz, Decken tragen die Lasten der Geschosse und trennen diese. Gleiches gilt für weitere Subsysteme wie Trennwände, Treppen oder Sanitäreinheiten, soweit diese als Module vorfabriziert sind. Für die äußeren Wände, sofern sie tragend sind, kann man die Kombination von Tragstruktur und Hülle finden. Werden diese Funktionen getrennt, sprechen wir vom Modul Tragstruktur und vom Modul Fassade (10–12).

Module werden aus Elementen zusammengesetzt. Um also Module wie beispielsweise eine Decke zu erzeugen, werden die einzelnen Elemente Deckenbalken, Verschalung, Dämmung, Deckenunterseite und Fußbodenbelag zusammengefügt. Gleiches gilt für Dachkonstruktionen aus den Elementen Dachbalken, Dämmung, Dichtungsebene und Dacheindeckung.

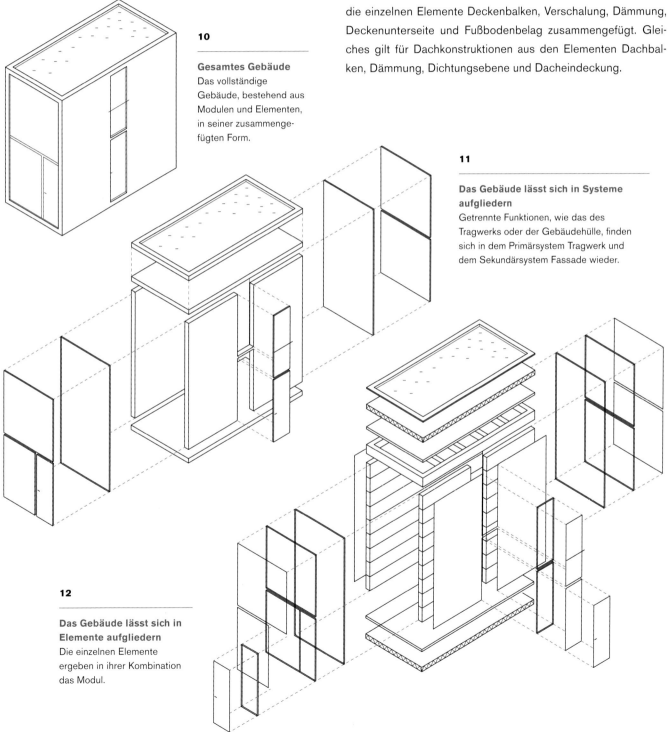

10

Gesamtes Gebäude
Das vollständige
Gebäude, bestehend aus
Modulen und Elementen,
in seiner zusammenge-
fügten Form.

11

**Das Gebäude lässt sich in Systeme
aufgliedern**
Getrennte Funktionen, wie das des
Tragwerks oder der Gebäudehülle, finden
sich in dem Primärsystem Tragwerk und
dem Sekundärsystem Fassade wieder.

12

**Das Gebäude lässt sich in
Elemente aufgliedern**
Die einzelnen Elemente
ergeben in ihrer Kombination
das Modul.

Arbeitsfelder der Konstruktion

Neben der Aufgliederung eines Gebäudes nach Ebenen der Konstruktion (System, Modul, Element) können Gebäude auch nach Arbeitsfeldern, also sinnvoll zusammengefassten Leistungsbereichen verschiedener Handwerksdisziplinen, aufgegliedert werden. Während die Unterteilung nach Konstruktionsebenen sich nur auf den Rohbau mit seinen vergleichsweise großen Toleranzen und der eher groben und noch ungenauen Arbeitsweise bezieht, werden hier auch die Arbeitsfelder Ausbau und Haustechnik mit dem nötigen höheren Präzisionsgrad berücksichtigt.

Es ergibt sich hier die folgende Gliederung:

- Tragwerk: tragende Struktur des Gebäudes
- Hülle: Hüllschicht des Gebäudes, Fassade oder bei tragenden Fassaden die äußere Schicht der Wand
- Ausbau: Komponenten des Innenausbaus, die dauerhaft mit dem Gebäude verbunden sind (also keine beweglichen Möbel)
- Haustechnik: technische Ausstattung des Gebäudes wie beispielsweise Heizung, Lüftung, Sanitäreinrichtung etc.

Üblicherweise beginnt der Bau eines Gebäudes mit dem Tragwerk, der Struktur, die die Funktion der Lastableitung hat und an die die weiteren Teile baulich angeschlossen werden (13–15). Man unterscheidet Konstruktionen, bei denen das Tragwerk nur die tragende Funktion übernimmt, und solche, bei denen es auch raumbildend wirkt.

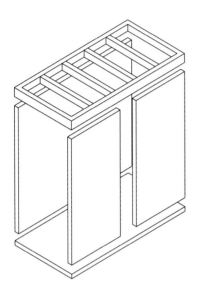

13

Tragwerk
Skizze der tragenden
Module und Elemente
des Gebäudes.

14

Tragwerk: Skelettkonstruktion
Beispiel einer Skelettkonstruktion aus Stahlbeton
mit innen liegenden Stahlbetonstützen und -decken.

15

Tragwerk: Außenwand aus Stahlbeton
Beispiel einer tragenden Außenwand aus Stahlbeton.
Zusätzliche Dämmung und Wetterschutz sind noch nicht
montiert.

Die Funktion der Hülle betrifft sowohl den Innenraum als auch den Schutz des Gebäudes nach außen: Der Innenraum benötigt im Allgemeinen eine innere Oberfläche, die den Ansprüchen der Nutzung in funktionaler wie auch gestalterischer Sicht genügen. Die Außenhülle muss Feuchtigkeit und Temperatur abweisen (16, 17). Übernimmt das Tragwerk auch eine raumbildende Funktion, werden die Aufgaben der Hülle entweder durch das gewählte Material bereits gewährleistet oder mittels weiterer Schichten sichergestellt.

Insbesondere bei der Konstruktion der Fassade besteht eine gute Möglichkeit der Vorfertigung. Zum einen werden vorkonfektionierte Elemente montiert, beispielsweise bei Pfosten-Riegel-Fassaden mit regelmäßigen Abmessungen und identischen oder variablen Füllelementen. Zum anderen können geschosshohe Module vorgesehen werden, die aus mehreren Elementen vorab zusammengesetzt sind und dann vor Ort lediglich in Position gebracht und montiert werden. Sofern die Transportlogistik dies zulässt, werden in diesem hoch industrialisierten Bereich für die Fassade auch sogenannte Mega-Units verwendet, die mehrere Gebäudeachsen breit sind oder gar die ganze Gebäudewand bilden.

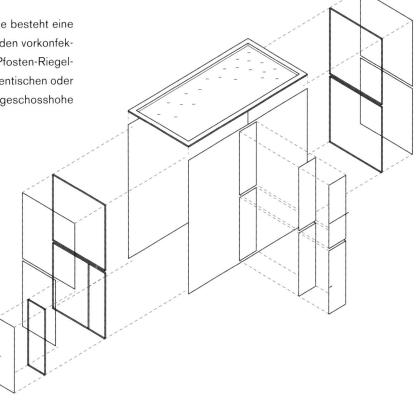

16

Hülle
Skizze der das Gebäude umschließenden Module und Elemente, die alle Funktionen der Gebäudehülle übernehmen.

17

Beispiel für eine Hülle
Als Ergänzung des Tragwerks wird eine modulare Fassade, die alle Funktionen der Hülle erfüllt, geschossweise installiert.

Leichte Trennwände, die in einem Gebäude keine tragende Funktion übernehmen, Ausbaukomponenten (fest eingebaute Möbel etc.) und Treppen, die das Gesamtsystem nicht aussteifen, sind Ausbauelemente (18). Hierzu können auch vorfabrizierte Sanitäreinheiten gezählt werden.

Im Bereich des Ausbaus kennt man mittlere bis hohe Vorfertigungsgrade: Leichte Trennwände werden zum Beispiel aus Gipskarton-Ständerwänden gebaut, die aus vorgefertigten und leicht zu montierenden Elementen erstellt werden (19). Allerdings ist eine Demontage nur in Form von Zerstörung möglich. System-Trennwände hingegen erlauben als vollständig vorgefertigte Module auch eine Wiederverwendung.

Im Bereich der Haustechnik wird zu einem sehr großen Teil mit Vorfertigung umgegangen: Elemente, die direkt in den Nutzungsbereichen montiert werden, sind mit industrieller Qualität nahezu vollständig vorgefertigt (20, 21). Dies gilt auch für vereinfachte Verbindungstechniken, bei denen mittels Kopplungsstücken lediglich die Leitungsführung zwischen den Anschlüssen individuell anpassbar gestaltet werden muss.

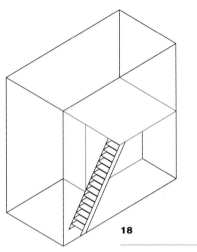

18

Ausbau
Skizze der Ausbaumodule und Elemente.

19

Beispiel für einen Ausbau
Ausbauelemente im Bauzustand: abgehängte Decke mit Revisionsöffnungen, Doppelfußboden sowie die Vorbereitungen für eine Systemtrennwand, welche aus flexiblen Modulen besteht.

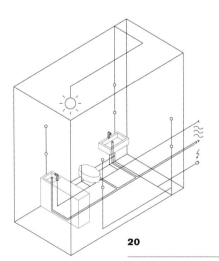

20

Haustechnik
Skizze der in das Gebäude integrierten haustechnischen Elemente.

21

Beispiel für die Haustechnik
Installationsraum: abgehängte Decke mit Lüftungskanälen, Sprinklerleitungen und Elektroverkablung.

Vorfabrikationsgrade der Konstruktion

Wie bereits oben beschrieben, können System, Module und Elemente unterschieden werden oder eine Gliederung der Konstruktion nach den an ihr beteiligten handwerklichen Gewerken erfolgen. Für beide Ansätze gilt, dass der Grad der Vorfertigung je nach industriellem Standard, technologischer Situation sowie der gewünschten Flexibilität variiert.

Im Gegensatz zum Ziegelstein mit seinen kleinen Abmessungen und seinem Erfordernis von viel handwerklicher Arbeit vor Ort steht die Mega-Unit-Fassade: Diese Fassade beinhaltet alle Funktionen der Hülle von Dichten, Dämmen und Klimatisieren als ein aus mehreren Elementen bestehendes vorgefertigtes Modul, welches lediglich in seiner endgültigen Position fixiert werden muss (22). Es handelt sich also um eine vollständig vorgefertigte Fassade, die als Modul eines Sekundärsystems Fassade installiert wird. Preis der Komplexität ist allerdings eine geringe Flexibilität des Moduls, da Anpassungen vor Ort nicht oder nur schwer und unter Qualitätseinbußen vorgenommen werden können.

Es entsteht also neben der Frage nach der industriellen Herstellung des Ausgangsmaterials und der verwendeten Elemente die Frage nach einem für das jeweilige Bauwerk richtigen Verhältnis von Vorfabrikation der Module und Elemente. Die folgenden Aspekte beeinflussen die Entscheidung über den Grad der Vorfabrikation: Tradition im Baubereich – was können die Unternehmen leisten, in welchen Herstellungsverfahren verfügen sie über Erfahrung? Dies definiert wesentlich den Kosten für die Produktion und damit den Preis. Weiterhin ist das Verhältnis Arbeitslohn zu Materialkosten relevant. In Industriegesellschaften mit hohen Lohnkosten ist man bemüht, den Lohnanteil an einer Bauleistung zu minimieren, und setzt deshalb auf einen größeren Vorfertigungsgrad, während Schwellenländer mit geringen Lohnkosten vor Ort durchaus aufwendigere Konstruktionen umsetzen können. Auch der industrielle Entwicklungsstand hat Einfluss; eine komplexe, nicht lokal verfügbare Technologie, die erst importiert werden muss, ist im Regelfall aufgrund der Transportkosten zu teuer. Und letztendlich haben auch die Transportmöglichkeiten Einfluss auf die Entscheidung bezüglich der Vorfertigung.

Bestehen kaum Möglichkeiten, große Objekte zu transportieren, werden sicherlich eher Elemente statt ganzer Bauteile verwendet; wenn es hingegen die Option gibt, ganze Module oder Sekundärsysteme auf der Straße zu transportieren oder gar ein komplettes Primärsystem beispielsweise auf dem Wasser zu bewegen, kann es interessanter sein, die Elemente schon in der Produktionsstätte zu Subsystemen zusammenzusetzen.

Beispielhaft werden nun die verschiedenen Stadien der Vorfabrikation von Elementen, Modulen und Systemen erläutert: Vor Ort werden beispielsweise Betonkonstruktionen in Schalung hergestellt (23). Hierbei handelt es sich um eine Produktion, bei der die Formgebung erst auf der Baustelle geschieht. Verständlicherweise besteht hier maximale Flexibilität während des Produktionsprozesses, allerdings mit entsprechendem Aufwand vor Ort.

Mauerwerk stellt dagegen schon einen ersten Schritt in die Vorfabrikation dar, da die Steine bereits gefertigt sind, wenn sie auf die Baustelle kommen. Dennoch wird die Erstellung der Wand

22

Mega-Unit-Fassade
Die Fassadeneinheiten bestehend aus achsbreiten und geschosshohen Fassadenmodulen, die alle Funktionen der Fassade übernehmen. Diese Einheiten werden im Werk vorfabriziert und vor Ort nur noch installiert.

noch manuell vor Ort vorgenommen. Gleiches gilt für großformatige Wandelemente, beispielsweise aus Beton, die als Fertigteile einige, jedoch nicht alle Funktionen einer Wand übernehmen können.

Ein nächster Schritt der Vorfabrikation ist die Verwendung von Modulen, das heißt Bauteilen, die aus mehreren Elementen bestehen und verschiedene Funktionen übernehmen können. Beispiele hierfür sind Fassadenmodule. Sind die Module klein ge-

nug, können sie leicht transportiert und montiert werden. Bei größeren Modulen kann die Montage nicht mehr manuell, sondern nur maschinell erfolgen (24).

Ein weiterer Schritt in Richtung vollständige Vorfabrikation findet sich in der Installation von großformatigen Modulen oder ganzen Sekundärsystemen. Neben den bereits erwähnten Modulen Fenster und modulare Fassaden (25, 26) wird beispielsweise eine vollständige Dachkonstruktion mit allen funktionalen

23

Ferienhaussiedlung, Burgh-Haamstede, Niederlande, 2003
Fertigung einer Bodenplatte mit einer Randschalung, Bewährungseisen und anschließend einzufüllendem Ortbeton.

24

Ferienhaussiedlung, Burgh-Haamstede
Fertigteile aus Beton für Wände und Decken stellen großformatige Module der Konstruktion dar.

25

Ferienhaussiedlung, Burgh-Haamstede
Erzeugung des Moduls Wand mittels der Elemente Betonfertigteil, Dämmung und Verkleidungsmauerwerk. Module wie Fenster werden in dieser Bauweise bereits während des Mauerns eingesetzt.

26

Ferienhaussiedlung, Burgh-Haamstede
Detailausschnitt des Wandaufbaus mit den Elementen Betonfertigteil als tragende Wand, Dämmung und Mauerwerk als Außenschale sowie dem Modul Fenster.

Komponenten aus Ausstattungselementen bis auf die letzte äußere Schicht Dachziegel vorgefertigt und vor Ort montiert (27). Auch hier hat die Teilung des Moduls mit dem Transport zu tun, da das vollständige Dach nicht auf dem Landweg transportierbar wäre. Zusätzliche Ausstattungen, wie Gauben, werden in gleicher Weise vorfabriziert, geliefert und installiert (28–30).

Die Möglichkeit zur Montage von ganzen Sekundärsystemen leitet sich wesentlich aus der Dimension der Module ab, die noch transportierbar, also für den Straßenverkehr geeignet sein müssen. Ein Beispiel hierfür sind die bereits erwähnten Mega-Unit-Fassaden oder die im Folgenden erläuterten Fassaden des niederländischen Wohnungsbaus. Hierbei werden an aus Ortbeton oder Fertigteilen hergestellte Tragwerke vollständig vorgefertigte Fassaden montiert, welche lediglich in den Anschlüssen miteinander verbunden werden müssen (31–33). Die äußere Haut wird in einem weiteren Schritt aufgebracht.

27

Ferienhaussiedlung, Burgh-Haamstede
Drei Elemente des Sekundärsystems Dach bilden eine Dachfläche, lediglich die letzte Wetterschutzschicht aus Dachziegeln fehlt noch.

28

Ferienhaussiedlung, Burgh-Haamstede
Modul Dachgaube als vorfabriziertes Bauteil.

29

Ferienhaussiedlung, Burgh-Haamstede
Der Anschluss der Dachgauben an die Dachkonstruktion erfolgt in der Balkenlage. Dachziegel als äußerste Schicht verdecken den Anschluss und dichten so das Dach ab.

30

Ferienhaussiedlung, Burgh-Haamstede
Fertiges Ferienhaus.

31

Wohnbebauung, Ypenburg, Den Haag, 2008
Schottenkonstruktion aus Ortbeton, hergestellt mittels
geschossweise versetzbarer Schalungssysteme,
sodass der gesamte Raum in einem Arbeitsgang erstellt
werden kann.

32

Wohnbebauung, Ypenburg
Schottenkonstruktion aus Beton mit vorfabrizierten
Fassaden als Sekundärsystem.

33

Wohnbebauung, Ypenburg
Die vorfabrizierte Holzfassade wird an die Baustelle
angeliefert. Die bereits montierten Abdichtungsanschlüsse
an der oberen horizontalen Kante sind gut zu erkennen.

Maximale Vorfabrikation ist erreicht, wenn das gesamte Primär-system des Gebäudes industriell vorinstalliert ist und vor Ort nur noch montiert wird (34–37). Da ein ganzes Gebäude bis auf wenige Ausnahmen aufgrund seiner Größe und der Transport-problematik nicht vorfabriziert werden kann, unterteilt man es in kleine transportfähige Einheiten. Es ist verständlich, dass bei Systemen mit hohem Vorfertigungsgrad die Anpassungsmög-lichkeiten auf der Baustelle sehr gering sind – vielmehr müssen alle Einheiten vorher aufeinander abgestimmt sein und Toleranz-ausgleichsmöglichkeiten geschaffen werden. Vorteile sind die schnelle Einsatzfähigkeit sowie die einfache Wiederverwendung in Form von Transport der ganzen Einheit, da lediglich die An-schlussdetails zusammengefügt werden müssen.

34

Wohnhaus, Almere, Han Slavik, 1994
Aus Containern gebautes Wohnhaus in der experimentellen Siedlung „De Realiteijt" in Almere in den Niederlanden.

35

Produktionsstraße De Meeuw, Eindhoven, 2008
Produktion von Wohn- und Bürocontainern in Analogie zum Fließbandprozess.

Die beschriebene Teilung in System (Primärsystem und Sekundärsystem), Modul und Element gibt die Möglichkeit, komplexe Gebäude in kleinteiligere Einheiten zu gliedern und damit sowohl mit der Konstruktion als auch mit der Funktion arbeitsteilig umzugehen. Funktionen beeinflussen das System durch ihre Überlagerung – muss die Wand nur dichten und dämmen oder auch

Energie speichern, transparent sein und tragen? Je komplexer die Anforderungen an das Gebäude, desto komplexer werden auch die Anforderungen an die Komponenten. Gleiches gilt für die Größe der Komponenten, da hier die Frage des Transports und der Montage geklärt sein muss.

36

Spacebox, Studentenwohnheim, Delft, 2004
Spacebox-Einheiten der Firma Holland Composite, welche als vollständige Einheiten mit Sanitärausstattung geliefert werden.

37

Mobile Home, USA
Die maximalen Abmessungen des Gebäudes werden durch die Transportierbarkeit auf der Straße bestimmt. Vor Ort werden dann mehrere Einheiten miteinander verbunden.

Verbindungen

Der Aufbau eines Gebäudesystems – Primärsystem, Sekundärsystem, Module und Elemente – umfasst Verbindungen und die zu verbindenden Teile (40–42). Für den Transport werden die einzelnen Module an der Verbindungsstelle voneinander getrennt. Eine Verbindung kann ein integraler Teil eines Moduls sein oder ein unabhängiges Verbindungsstück. Ihr Zweck ist in beiden Fällen, eine schnelle und problemlose Montage auf der Baustelle zu ermöglichen. Die Herausforderung liegt darin, komplexe Verbindungen so zu konstruieren, dass sie einfach zu verarbeiten sind.

Die Austauschbarkeit der einzelnen Gebäudeelemente ist für den Gesamtentwurf eines Produkts der individualisierten Massenfertigung sehr wichtig. Massenfertigung und die industrielle Herstellung von Systemkomponenten bedeuten dann einen großen Gewinn für die Bauindustrie, wenn sie eine Auswahl an verschiedenen Elementgrößen und -typen zulassen. Auf diese Weise kann ein Gebäudeentwurf mit Variablen entwickelt werden, wobei aber die Details, wie beispielsweise die Verbindungselemente, immer gleich bleiben. Ein typisches Bürogebäude könnte Module mit feststehenden Fenstern, bedienbaren Fenstern, Lüftungsgittern sowie massiven Paneelen erfordern.

Alle Bauteile basieren auf Grundformen – Punkt, Linie, Fläche und Körper. Die Verbindungselemente zum Zusammenfügen dieser Bauteile weisen üblicherweise auch die Form der Bauteile und ihrer angrenzenden Oberfläche auf (38, 39), zumeist sind sie nodal (knotenförmig), linear (linienförmig) oder planar (flächenförmig). Eine Gelenkverbindung in einem Skelettbau ist nodal, eine Randverbindung zwischen einer Betonwand und den Geschossdecken ist linear.

Verbindungen variieren je nach Zweck und Funktion – sie können steif, beweglich, wasserdicht, luftdicht oder flexibel sein –, was der Grund für die Verwendung unterschiedlichster Materialien wie Stahl, Aluminium, Kleber oder Holz ist. Die Art und Aufgabe der Verbindung ist nicht nur bei der Wahl des Materials, sondern auch für die Form des Verbindungselements entscheidend. Stahl wird aufgrund seiner hohen Festigkeit häufig für Verbindungen eingesetzt, die Elemente aus relativ porösen oder elastischen Materialien verbinden. Stahlverbindungen für Holz-, Beton- und Glasbauteile sind stabiler als das zu verbindende Material selbst. Sie sind außerdem kompakt und unaufwendig in der Herstellung. Holzverbindungen, wie beispielsweise Verbinder zur Balkenabstützung, sind größer und aufwendiger in der Montage als die Alternative aus Stahl.

38

Lego, Spielkarten und Holzspielzeug
Ob für knotenförmige, lineare oder ebene Bauteile –
Verbindungen können unterschiedliche Formen aufweisen:
Mauern mit Lego-Steinen bauen, Wände und Decken
verbinden wie mit dem Steckkartenspiel von Charles und
Ray Eames, eine Skelettkonstruktion errichten mit
Holzspielzeug (Tinkertoy).

39

Verbindungstypen
Mauerwerk (nodale Bauteile mit linearen Verbindungen)
am Tate Modern, London, Herzog & de Meuron, 2000;
hohle Holztafelkonstruktion (planare Bauteile mit linearen
Verbindungen) für Häuser in Oxley Woods, Rogers Stirk
Harbour + Partners, 2008, und ein Detail der Dachkonstruktion des Stansted Airport (lineare Bauteile mit
nodalen Verbindungen), Norman Foster, 1991.

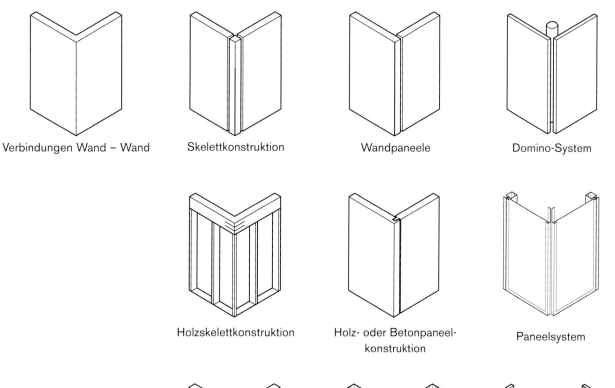

Verbindungen Wand – Wand Skelettkonstruktion Wandpaneele Domino-System

Holzskelettkonstruktion Holz- oder Betonpaneel-konstruktion Paneelsystem

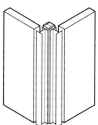

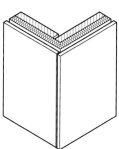
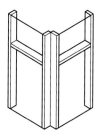

Stahlskelettkonstruktion
mit vorgefertigten Paneelen Vorgefertigte Paneele Pfosten-Riegel-Konstruktion

40

Verbindungen Wand – Wand

In den hier gezeigten Beispielen kann die Verbindung zwischen zwei Wandpaneelen in das
Primärsystem (die Skelettkonstruktion) integriert oder vom Primärsystem unabhängig ausgeführt werden; mit oder ohne tragende Eigenschaften. Bei Le Corbusiers Domino-System
wurde für abgehängte Paneele eine einfache Verbindung vorgesehen, während tragende oder
massive Platten eine statisch solide Verbindung erfordern. Toleranzen, Befestigungskraft und
Verfahren variieren entsprechend.

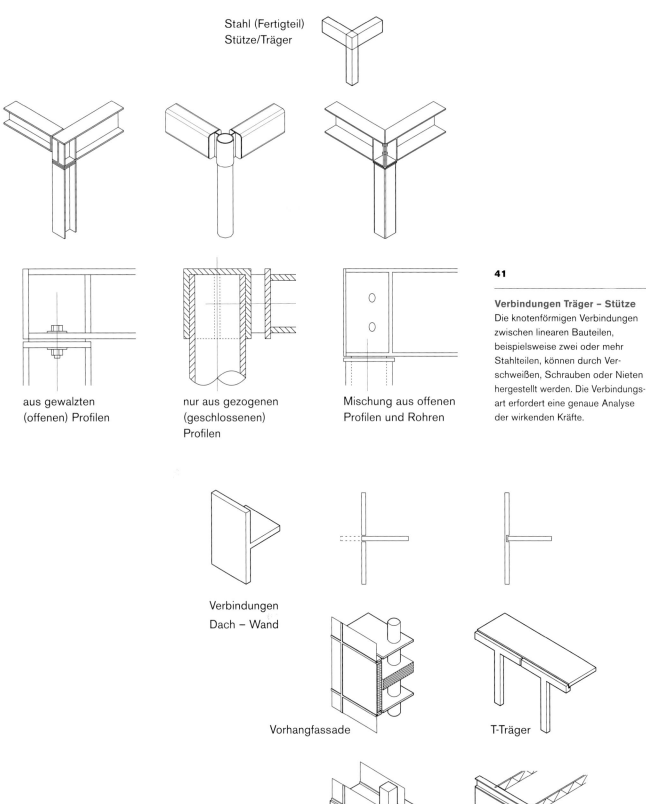

Stahl (Fertigteil)
Stütze/Träger

aus gewalzten
(offenen) Profilen

nur aus gezogenen
(geschlossenen)
Profilen

Mischung aus offenen
Profilen und Rohren

41

Verbindungen Träger – Stütze
Die knotenförmigen Verbindungen
zwischen linearen Bauteilen,
beispielsweise zwei oder mehr
Stahlteilen, können durch Ver-
schweißen, Schrauben oder Nieten
hergestellt werden. Die Verbindungs-
art erfordert eine genaue Analyse
der wirkenden Kräfte.

Verbindungen
Dach – Wand

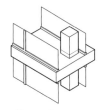

Vorhangfassade

T-Träger

42

Verbindungen Dach – Wand
Die Art des Lastenübertrags zwischen horizontalen und
vertikalen Bauteilen kann sich auf die Formensprache der
Konstruktion auswirken.

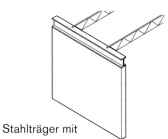

Doppelfassade

Stahlträger mit
Fachwerkträgern

7 | Zukunft der Bausysteme

Die Bausysteme haben eine lange und erfolgreiche Entwicklung durchgemacht und verändern sich weiter. Die Logistik von Bausystemen sowie Neuentwicklungen im Bereich Material und Gebäudebauteile haben einen ähnlichen Verlauf genommen und haben die Gestaltung unserer heutigen Wohnhäuser, Büros und Städte geprägt. Allerdings nehmen sowohl Architekten als auch Nutzer weltweit zunehmend Probleme wahr, die unterdessen vernachlässigt wurden: das Bewahren der natürlichen Ressourcen unserer Erde und die Notwendigkeit, unsere gebaute Umwelt intelligenter und bewusster zu gestalten.

Es gibt viele Gründe, warum ein System die richtige Wahl sein kann: Kosteneinsparungen, Qualitätskontrolle, kurze Bauzeiten und Materialwirtschaftlichkeit, um nur ein paar zu nennen. Dahingegen gehören das finanzielle Risiko für den Hersteller und das mangelnde Vertrauen in Fabrikfertigung zu den Gründen, warum das Bauen mit Systemen langsam, aufwendig und immer wieder von Fehlschlägen geprägt war. Durch eine allmählich wachsende Kenntnis von Materialien, Konstruktionsprinzipien und technischen Abläufen zum Beispiel konnten reine Visionen in reale architektonische Meilensteine umgesetzt werden.

Systembauindustrie

Mit der Entwicklung des Fließbandes vor über 100 Jahren erzielte die Automobilindustrie einen Durchbruch in der Geschichte der Rationalisierung und industriellen Fertigung. Darauf folgten verbesserte Methoden zur Effizienzsteigerung und damit die Möglichkeit, Produkte zu individualisieren; Gründe für den immensen Erfolg der Automobilindustrie. Viele Jahrzehnte später hat die Bauindustrie diesen Grad an Vorfertigung oder zumindest Massenfertigung noch nicht annähernd erreicht. Moderne Fahrzeuge fahren schneller, laufen ruhiger, bieten alle Bequemlichkeiten und sind energieeffizienter. Aber das Umsetzen der Vorfertigung im Wohnungs-, Industrie- und Gewerbebau hatte nur teilweisen Erfolg. Allerdings geben Experimente von Architekten der Industrie neue Impulse und zeigen, dass der Wunsch nach einer Integration der Vorfertigung weiterhin besteht, sei er begründet in der Suche nach alternativen ästhetischen Formen oder Lösungen für spezifische Probleme.

Das gängige Argument gegen das Bauen mit vorgefertigten Systemen aus Elementen und Modulen lautet: Für eine Langzeitinvestition wie ein Gebäude ist ein individueller Entwurf angemessen. Solche individuellen Lösungen werden üblicherweise nicht mit der in der Vorfertigung notwendigen Repetition in Verbindung gebracht, die für kurz- oder mittelfristige Investitionen bereitwillig akzeptiert wird. Bei Fahrzeugen hingegen, die ebenfalls zu den mittel- bis langfristigen Investitionen gehören, sind Vorfertigung und austauschbare Teile allgemein akzeptiert.

Ein entscheidender Faktor für die Zukunft des Systembaus sind die Lohnkosten. Ein Anreiz für die Industrialisierung sind die Lohnkosten, besonders die der Facharbeiter in der Bauwirtschaft. In industrialisierten Ländern ist daher das systematisierte Bauen vorteilhaft. Die Vorfertigung kann unter Umständen in Länder mit niedrigerem Lohnniveau ausgelagert werden. Gut ausgebildete Arbeitskräfte werden auch in Entwicklungs- und Schwellenländern zu teuer, um sie im Vor-Ort-Systembau zu beschäftigen; es ist sinnvoller, sie in der heimischen Fabrik für die technologische Bauteilentwicklung einzusetzen.

1

Haustechniksysteme
Für die Haustechnik werden üblicherweise
vorgefertigte Elemente verwendet.

Individueller architektonischer Entwurf und Systembau

Wenn man sich unser gebautes Umfeld ansieht, ist offensichtlich, dass die meisten Gebäude nicht von Architekten entworfen wurden. Tatsächlich erfordern viele der ohne die Hilfe eines Architekten erbauten Gebäude diesen nicht, weil sie mit vorgefertigten Bausystemen konstruiert wurden, die alle notwendigen Berechnungen und Genehmigungen als Teil des Gesamtpakets bereits beinhalten (1, 2). Für Gewerbebauten muss nur ihre funktionelle Organisation ausgearbeitet werden; ein narrensicherer Entwurf übernimmt den Rest. In Nordamerika beispielsweise wurde von weniger als 5 % aller Hauseigentümer die Hilfe eines Architekten in Anspruch genommen; in Europa liegt der Anteil je nach Land bei 15–50 %.

Nahezu alle anderen Gebäude im Wohnbausektor werden von Generalunternehmern oder Entwicklungsträgern gebaut – und weisen eine vernünftige Verwendung von Standardisierung auf, sowohl in Bezug auf Logistik als auch auf Wirtschaftlichkeit (3, 4). Dies impliziert allerdings automatisch, dass industrielle Produktion eingesetzt wird und die Häuser sehr gleichförmig aussehen.

2

Einfaches Fassadensystem
Individualisierte Vorfertigung großer Fassadenbauteile.

3

Verschiedene Bauphasen auf einer Großbaustelle
Erstellen einer Betonkonstruktion: Verschalung montieren, Bewehrung einbringen, Beton gießen, Verschalung entfernen.

Das gebaute Produkt muss gut vermarktbar sein, was bedeutet, dass Experimente beim äußeren Erscheinungsbild eines Hauses leicht zu einem wirtschaftlichen Desaster für den Bauträger führen können. In Anbetracht des Investitionsumfangs des Bauträgers ist das Risiko recht hoch und die Entscheidung für einen konventionellen Stil vernünftig, was aber kreative Innovationen einschränkt. Zu vermarkten sind innovative Entwürfe möglicherweise über bestimmte im Trend liegende Leitmotive wie beispielsweise das energieeffiziente Haus.

Die Marketingziele des Bauträgers sind der architektonischen Qualität allerdings nicht unbedingt förderlich. In Anbetracht der niedrigen Gewinnspanne bei individuell geplanten und gefertigten Gebäuden, der daraus resultierenden niedrigen Profitmargen für alle Beteiligten und nicht zuletzt der hohen Materialkosten ist die Entwicklung hin zu einer stärkeren Standardisierung für alle Parteien von Vorteil. Obwohl die meisten Architekten digitale Entwurfswerkzeuge benutzen, zögern sie oft, einen digital gesteuerten Bauprozess einzuplanen: Sie befürchten negative Auswirkungen, wie beispielsweise, dass dies zu einem industriell gefertigten Einheitsprodukt führt, da ihre Kontrolle über die Detailausarbeitung eingeschränkt wäre.

4

EnBV City, Stuttgart,
RKW Architektur + Städtebau, 2008
Die Logistik auf einer Großbaustelle muss verschiedenen Bauphasen Rechnung tragen, die gleichzeitig durchgeführt werden. Um die Effizienz zu erhöhen, werden in den unteren Geschossen bereits Fassadenpaneele montiert, während die oberen Geschosse noch im Bau sind.

CAD und CAM

Heute stellt die Individualisierung des systematisierten Bauens eine große Herausforderung dar (6). Die Erfahrungen mit eintönigen Wohnsiedlungen, daraus resultierenden sozialen Problemen und, im schlimmsten Fall, ihrer Unbrauchbarkeit, haben dem Systembau ein Stigma aufgedrückt. Gleichzeitig muss das Bauen die individuellen Bedürfnisse einer Gesellschaft respektieren. Durch die Anwendung von CAD-Systemen (Computer Aided Design) ist es möglich, dieses Problem mit individualisierter Serienfertigung zu lösen. Entsprechende Werkzeuge zur Datenverwaltung, -organisation und -verarbeitung sind entscheidend für den Planungsprozess (5). Auch die Logistik und Koordination der Zulieferbetriebe, Produktion, Transport und Montage werden durch die CAD-Programme berücksichtigt. CAM (Computer Aided Manufacturing) setzt den Entwurf direkt in ein Produkt um; Modelle können erstellt und Elemente und Module hergestellt werden. Allerdings ist CAM bei komplexeren Gebäudesystemen noch wenig präsent.

Heute ist ersichtlich, dass der vollständige Wechsel von Papier zur CAD-erstellten Zeichnung und teilweise zu CAM-Systemen zu Verbesserungen in der Konstruktionsqualität geführt hat (6). Die Koordination der Schnittstellen zwischen Entwurf, Fertigung und Montage – unerlässlich für eine vollständig von CAD/CAM-Systemen gesteuerte Konstruktion – wird kontinuierlich weiterentwickelt.

Digitales Zeitalter

Die Bausysteme sind immer komplexer geworden. Systeme werden kombiniert und ausgetauscht und müssen dabei vielseitig genug sein, um den sich stetig verändernden Zusammenhängen von Zeit, Information und Technologie zu entsprechen. Die Problematik liegt darin, die Bedürfnisse von Menschen zu erfüllen, die die konstante Verbesserung von Geräten wie Mobiltelefonen, Computern, Spielkonsolen oder Autozubehör erwarten.

Genauso unterscheiden sich die heutigen Produkte der Bauindustrie von denen vor zehn Jahren, und eine ähnliche Entwicklung ist für die nächsten zehn Jahre zu erwarten. Wenn er noch lebte, hätte Reyner Banham dies vielleicht amüsiert beobachtet. Er definierte das Erste Maschinenzeitalter, gefolgt vom Zweiten Maschinenzeitalter, und spekulierte über das Dritte Machinenzeitalter, das sich vor allem mit Mobilität und geistigen Experimenten beschäftigte – wie Archigram, Superstudio und Haus Rucker Co. mit der futuristischen Plug-In City, der Walking Machine und dem Mind Expander aufzeigten. Das heutige Maschinenzeitalter ist sicherlich das digitale Zeitalter, die Ära der grenzenlosen Kommunikation und Information. Die Architekten der verschiedenen Zeiten haben immer entsprechend ihrem jeweiligen Zeitalter gebaut – pragmatisch orientiert im Ersten Maschinenzeitalter, mit gestalterischen Ambitionen im Zweiten, mit poetischer Freiheit im Dritten, und jetzt mit Variabilität und vielen Optionen. Im digitalen Zeitalter strebt auch die Bauindustrie danach, Variabilität und Optionen zu bieten.

5

Bausystem für eine Lagerhalle
Mit sorgfältiger Planung, Standardisierung, Vorfertigung, Logistik und Montage wird maximale Effizienz erzielt.

Stößt man an eine Grenze, so muss man die Richtung ändern. Joel Garreau, Autor von *Edge City*, einer Analyse der unaufhaltsamen Expansion amerikanischer Vororte, kennzeichnet einige solcher Grenzen. Seit dem Beginn der Industrialisierung hat sich die Eisenbahnproduktion 14-mal verdoppelt. Die Exponentialkurve ist abgeflacht und zu einer S-Kurve geworden. Garreau wendet das Mooresche Gesetz auf dieses Beispiel industrieller Expansion an. Nach einem der Gründer von Intel benannt, besagt dieses Gesetz über langfristige Trends in der Geschichte der Computer, dass die Speicherkapazität eines Transistors, oder später des Chips, exponentiell zunimmt. Zwischen 1960 und 2004 wurde sie 27-mal verdoppelt. Die kontinuierliche Ausweitung von Material und Wissen muss irgendwo enden, sonst würde die S-Kurve oft von den Anfängen neuer Kurven überdeckt. Die Eisenbahnindustrie stieß auf neue Transportmethoden. In der Automobilindustrie, die ein ähnliches Wachstum aufweisen kann, wurden die Autos erst schneller und größer, dann kleiner und attraktiver gemacht; heute konzentriert sich die Entwicklung auf elektronische Geräte und niedrigeren Benzinverbrauch. Ebenso muss auch das digitale Zeitalter den Gipfel der S-Kurve erreichen.

Das Gleiche gilt für die Bauindustrie. Die Fortschritte in der Material- und Verfahrenstechnologie haben den eigentlichen Zweck weit überschritten. Stahlgebäude können Erdbeben, starken Winden und Feuer widerstehen und große Höhen erreichen; oft mangelt es ihnen aber an nutzbarem Raum. Es gibt tragendes Glas, transparenten Beton, gebogenes Holz und unzerkratzbares Plastik. Schlanke Produktionsmethoden könnten nicht effizienter sein.

Die Antwort auf die Frage nach der Zukunft von Bausystemen liegt nicht in weiteren Verbesserungen, da wir eingestehen sollten, dass es nur noch wenig Raum für Verbesserung gibt. Stattdessen müssen wir uns der Ökologie annehmen; jeder bewusste Schritt hin zu einer besseren Umwelt ist eine kreative und technologische Herausforderung.

6

Jin Mao Tower, Shanghai, Skidmore, Owings and Merrill, 1998
Die komplexe Fassade des Jin Mao Tower wurde in Deutschland durch die Firma Gartner vorgefertigt, per Schiff nach Shanghai transportiert und dort montiert.

Nachhaltiges Bauen

Mit dem Fortschritt der technologischen Entwicklung steigen die Anforderungen an das Bauen. Durch die intensiven Debatten über globale Erwärmung und Energiesparen sind die Bauvorschriften strenger geworden. Gebäude sind für die Hälfte der weltweiten CO_2-Emissionen und einen großen Anteil des globalen Energie- und Wasserverbrauchs verantwortlich. Es erfordert wohldurchdachte Bau- und Haustechniksysteme von höchster Qualität, um den Einfluss eines Gebäudes auf die Umwelt zu verringern, wenn der Innenraumkomfort auf gleichbleibend hohem Niveau bleiben soll. Benutzung und Wartungskosten beeinflussen den Wert des Gebäudes.

Bei der Planung eines neuen Gebäudes ist die eingebettete Energie des Gebäudes ein wichtiger Gesichtspunkt für Architekten und Gebäudeeigentümer. Anders als die Betriebsenergie (Strom, Heizung etc.), die etwa 50–80 % des Energiebedarfs eines Gebäudes ausmacht, ist die eingebettete Energie die kumulative Energie, die über alle Stadien des Lebenszyklus eines Gebäudes hinweg erforderlich ist: Anschaffung von Materialien, Herstellung, Transport und Recycling des Gebäudes. Die Umwelt profitiert von der Verwendung von Bausystemen, die eine einfache Demontage und Wiederverwertung ermöglichen. Darüber hinaus ist es in einer sich verändernden Lebens- und Arbeitswelt besonders nützlich, wiederverwendbare Teile wie Wand- oder

7

Firmensitz Unilever, Hamburg, Behnisch Architekten, 2009
Die Doppelfassade mit außen liegender ETFE-Folienschicht ermöglicht eine optimale natürliche Luftzirkulation; sie ist ein Beispiel für den Fortschritt in der Klimatechnik von systematisierten Gebäuden. Mit dem Einsatz ressourcenschonender Technologie wie etwa einer Betonteilaktivierung zur Kühlung und einer Wärmerückgewinnungsanlage wird ein Primärgesamtenergiebedarf von nur 100 kWh/a/m² erreicht.

Bodenpaneele (8) einzusetzen. Das Erzielen von optimaler Flexibilität, effizienteren Technologien, höherer Produktqualität und Abfallverminderung kann durch Vorfertigung erleichtert werden.

In Westeuropa hat man sich vielfach der Ziele nachhaltigen Bauens bereits angenommen und sie in allgemeingültige Bauprak-tiken überführt. Die relativ hohen Energiepreise sind ein zusätzlicher Anreiz. Außerdem haben sich die Europäische Union und die nationalen Regierungen kontinuierlich bemüht, nachhaltiges Bauen zu fördern und zu etablieren. In Deutschland verbraucht ein typisches Bürogebäude etwa 25 % weniger Energie als eines in den USA (7). Für die meisten jungen Architekten in Westeuropa gilt nachhaltiges Bauen als moralische Verantwortung. Es werden viele ehrgeizige Experimente durchgeführt, in Zusammenarbeit mit Bauherren, die nicht nur Kosten sparen, sondern sich auch mit Nachhaltigkeit als Unternehmensphilosophie schmücken möchten. Sogenannte Null-Energie-Häuser, bei denen der Energieverbrauch durch Wärme- und Stromerzeugung und den Einsatz integrierter Photovoltaik aufgewogen wird, sind keine unrealistischen Ziele.

Building Information Modelling

Die integrale Planung von Architektur, Gebäudetechnik und Tragwerk bereits während des Entwurfsprozesses wird durch Programme ermöglicht, die nicht objektorientiert arbeiten, sondern auf der BIM-Technologie (Building Information Modelling; Gebäudedaten-Modellierung) basieren, einer offenen Plattform für die am Bau beteiligten Planer. Auch für diese Entwicklung waren der Automobil- und Flugzeugbau die Vorreiter. Das Arbeiten mit BIM synchronisiert den Informationsfluss der am Prozess beteiligten Planer. Änderungen im Planungsprozess wirken sich automatisch im gesamten Projekt aus. Konsequenzen jeder Änderung sind für die jeweils anderen Fachplaner sofort ersichtlich, da alle auf dasselbe Modell zugreifen. Der Planungsprozess als solcher wird systematisiert, und in der synchronen Verarbeitung und der sofortigen Überprüfung der Daten liegen neue Chancen für den architektonischen Entwurf.

8

Innenausstattung
Demontierbare Unterteilungen und Möbel erlauben flexible Arbeitsräumlichkeiten ohne exorbitante Umbaukosten und somit einen längeren Einsatz der Materialien.

Bewertungssysteme für Nachhaltigkeit

In den vergangenen Jahren haben viele Länder Bewertungssysteme für Nachhaltigkeit eingeführt, an die sich Architekten halten können oder müssen. In den USA zielen das LEED-Programm des United States Green Building Council, einer 1993 gegründeten gemeinnützigen Organisation für nachhaltiges Bauen sowie das Energy Star Programm darauf ab, nachhaltige Baupraktiken zu fördern. Der Green Star in Australien und Normen des BRE (Building Research Establishment), BREEAM (für Nichtwohnbau) und Ecohomes (für Wohnbau) sind weitere Bewertungsschemata für Nachhaltigkeit. Die Bewertungssysteme variieren; bei den Berechnungen zur Nachhaltigkeit werden aber generell Entwurf, Konstruktionsmethoden, Wohnkomfort, Energieersparnis, Stromerzeugung, Materialien und Wiederverwertbarkeit berücksichtigt. Gütesiegel oder Prämierung von Gebäuden erfolgen nur auf Antrag und somit freiwillig, sind aber ein Zeichen ökologischer Qualität, das dem Laien eine Unterscheidung erleichtert und die Attraktivität eines Produkts für den umweltbewussten Verbraucher fördert. Es gibt die Kritik, dass sich Architekten zu sehr auf das Sammeln von Punkten für eine Prämierung konzentrieren, anstatt echte Lösungen auszuarbeiten. Alles in allem aber bedeuten die Bewertungssysteme für die Bauindustrie einen Fortschritt.

Während bei älteren Gebäuden mehr oder weniger standardmäßige Temperatur- und Klimatisierungsmethoden angewendet wurden, um ein komfortables Innenraumklima aufrechtzuerhalten, werden bauphysikalische Aspekte heutzutage schon früh in die Entwurfsplanung integriert. Architekten arbeiten mit Klimaingenieuren zusammen. In Projekten wie dem Harvard Allston Science Complex in Boston (Entwurf Behnisch Architekten 2008; Klimakonzept Transsolar) wurden spezielle Lösungen zur intelligenten Klimaregelung entwickelt (9).

9

Harvard Allston Science Complex, Boston, Behnisch Architekten, Entwurf 2008
Das Gebäude sieht eine intelligente Klimatechnik mit dem Ziel einer energieoptimierten Gesamtbilanz vor.

Fassadenplaner und Bauingenieure tragen ebenfalls zu effizienten, umweltfreundlichen Gebäuden bei, indem sie Elemente wie die Ausrichtung eines Gebäudes, Sonnenschutz, mehrschichtige Fassaden und natürliche Kühl- und Ventilationsmethoden verwenden (10–12). Im Allgemeinen ist es wichtig, mit dem Ziel zu entwerfen, dass Räume eventuell temporär oder aus unerwarteten Gründen nur kurze Zeit benutzt werden, die Materialien dann aber wiederverwertbar sein sollten. Vorgefertigte Bausysteme sind der Schlüssel zur Wiederverwendung von Räumen oder Bauteilen.

11

Firmensitz Q-Cells, Bitterfeld, bhss-architekten, 2009
Das Verwaltungsgebäude wurde aus sechsgeschossigen Bürohausmodulen zusammengesetzt. Der mehrschichtige Fassadenaufbau umfasst Solarpaneele, die der Verschattung und der Energiegewinnung dienen.

10

SAP Call Centre, Galway, Irland, Bucholz McEvoy Architects, 2005
Die hohen Atriumbalken im Fischgrätmuster sind nach dem Lauf der Sonne ausgerichtet, um zu den verschiedenen Tageszeiten einen optimalen Lichteinfall zu garantieren. Vorgefertigte Fassadenpaneele nehmen das Belüftungs- und Heizsystem auf.

Entwicklungspotenzial im Systembau

Beim Bauen mit einem System müssen nicht alle Anforderungen und Details in einem System gelöst werden. Die entscheidende Aufgabe ist vielmehr, nur die zentralen Aufgaben mit diesem Bausystem zu klären und dann neue Lösungen für spezifische Probleme zu finden.

Die Zukunft von Bausystemen hängt nicht von besseren Detaillösungen oder effizienteren Konstruktionen ab; die relevanten Aspekte sind:

- Logistik und Distribution, die den individuellen Bedürfnissen des Nutzers, des Architekten und des Herstellers gerecht werden
- Flexibilität und Wiederverwendbarkeit, um sich an eine kontinuierlich verändernde Welt anzupassen, für die variable und mobile Systeme wichtig sind
- Nachhaltigkeit, erneuerbare Energie, die eingebettete Energie der Materialien sowie die Fähigkeit zum Recycling

Entgegen der landläufigen Annahme, dass Vorfertigung oder Systembau ausschließlich negative Auswirkungen auf den Beruf des Architekten hat, verfolgen junge Architekten neue Denkweisen, indem sie nicht gegen, sondern mit den Systemanbietern arbeiten. Aufgrund der vielfältigen Anwendungsbereiche, in denen sich der Systembau positiv auf Kriterien wie Flexibilität, Kosteneinsparung, Qualitätskontrolle und Nachhaltigkeit auswirkt, bietet sich dem Architekten tatsächlich ein großes Potenzial, Systembau einzusetzen.

12

**Elm Park Development, Dublin,
Bucholz McEvoy Architects, 2008**
Diese klimatisierten Gebäude bieten einen hohen Grad an Komfort ohne mechanische Lüftung oder Klimaanlagen. Vorgefertigte Paneele sind zur Sonne hin ausgerichtet.

Auswahlbibliografie

Geschichte und allgemeine Darstellungen

Baldwin, J.
Bucky Works: Buckminster Fuller's Ideas for Today
Wiley & Sons, New York, 1996

Banham, Reyner
Die Revolution der Architektur. Theorie und
Gestaltung im Ersten Maschinenzeitalter
Rowohlt, Reinbek, 1960

Banham, Reyner
The Architecture of the Well-Tempered Environment
The University of Chicago Press, Chicago, 1969

Banham, Reyner
„Klarheit, Ehrlichkeit, Einfachkeit … and Wit Too!:
The Case Study Houses in the World's Eyes", in:
Smith, Elisabeth A. T. (Hrsg.)
Blueprints for Modern Living: History and Legacy
of the Case Study Houses
MIT Press, Cambridge, Mass., 1989, S.183–196

Bergdoll, Barry und Christensen, Peter
Home Delivery: Fabricating the Modern Dwelling
The Museum of Modern Art, New York, und
Birkhäuser, Basel, 2008

Blaser, Werner
Element – System – Möbel:
Wege von der Architektur zum Design
Deutsche Verlagsanstalt, Stuttgart, 1984

Buisson, Ethel und Billard, Thomas
The Presence of the Case Study Houses
Birkhäuser, Basel, 2004

Colomina, Beatriz
„Escape from Today: Houses of the Future",
in: Vegesack, Alexander von und Eisenbrand,
Jochen (Hrsg.)
Open House: Architektur und Technologie für
intelligentes Wohnen
Vitra Design Museum, Weil am Rhein, 2007,
S. 228–257

Davies, Colin
The Prefabricated Home
Reaktion Books, London 2005

Futagawa, Yukio (Hrsg.)
Paul Rudolph: Dessins d'architecture,
Architekturzeichnungen, Architectural Drawings
Architectural Book Publishing, New York, 1981

Garreau, Joel
Edge City
Doubleday, New York, 1988

Hayden, Dolores
Building Suburbia: Green Fields and Urban
Growth 1820–2000
Vintage Books, New York, 2003

Hayden, Dolores
A Field Guide to Sprawl
W. W. Norton & Company, New York, 2004

Head, Peter
„Entering the Ecological Age: The Engineer's
Role", The Brunel Lecture, London, 2008
http://www.arup.com/_assets/_
download/72B9BD7D-19BB-316E-
40000ADE36037C13.pdf

Herbert, Gilbert
Pioneers of Prefabrication:
The British Contribution in the 19th Century
The Johns Hopkins University Press, Baltimore,
1978

Herbert, Gilbert
The Dream of the Factory-Made House
MIT Press, Cambridge, Mass., 1984

Höpfner, Rosemarie und Fischer, Volker (Hrsg.)
im Auftrag des Dezernats für Kultur und Freizeit,
Amt für Wissenschaft und Kunst der Stadt
Frankfurt am Main
Ernst May und das Neue Frankfurt 1925–1930
Ernst und Sohn, Berlin, 1986

Jessee, Chris und Rourk, Will
The Crystal Palace: 3D Modeling
Institute for Advanced Technology in the
Humanities, University of Virginia, 2001
http://www2.iath.virginia.edu/london/model/

Kaluarachchi, Y. D., Tah, J. H. M. und Howes, R.
„The Historical Development of Standardised
Building Systems Associated with Social
Housing in the UK", in: Journal for Housing
Science, Bd. 26, Nr. 1, 2002, S. 15–26

Kirsch, Karin
Die Weißenhofsiedlung: Werkbund-Ausstellung
DIE WOHNUNG Stuttgart 1927
Deutsche Verlagsanstalt Stuttgart, 1987, 2. Aufl.
1999

Le Corbusier
Ausblick auf eine Architektur 1922
Birkhäuser, Basel, Bauwelt Fundamente, Bd. 2,
4. Aufl. 1995

McCoy, Esther
Case Study Houses 1945–1962
Hennessey & Ingalls, Santa Monica, Kalifornien,
1977
(zuerst veröffentlicht 1962 unter dem Titel
Modern California Houses)

McCoy, Esther und Goldstein, Barbara (Hrsg.)
Arts & Architecture: The Entenza Years
Columbia Lithograph, Santa Fe Springs,
Kalifornien, 1990
(auszugsweiser Nachdruck der Zeitschrift
Arts & Architecture Magazine von 1943 bis 1959)

„Measures in Japanese Culture", in:
Kansai Window
http://www.kippo.or.jp/culture_e/build/measure.
html

Meyer-Bohe, Walter
Vorfertigung. Handbuch des Bauens mit
Fertigteilen
Vulkan Verlag, Essen, 1964

Pawley, Martin
The Private Future
Random House, New York, 1974

Pawley, Martin
„A Prefab Future", in: Grant, Carol (Hrsg.)
Built to Last? Reflections on British Housing
Policy. A Collection of Articles from ROOF
Magazine, The Russell Press, Nottingham, 1989,
(Nachdruck 1994), S. 77–84

Phillipson, Mark
„Defining the Sustainability of Prefabrication and
Modular Process in Construction"
Building Research Establishment, Garston, 2003
http://projects.bre.co.uk/prefabrication/
prefabrication.pdf

Russell, Barry
Building Systems, Industrialization and
Architecture
Wiley & Sons, New York, 1981

Smith, Elizabeth
Case Study Houses
Taschen, Köln, 2006

Smithson, Alison und Peter
Changing the Art of Inhabitation
Artemis London, London, 1994

Steinhausen, Ansgar
„Plattenbau. Eine architekturhistorische
Darstellung", in: DAM Architektur Jahrbuch,
Prestel, München, 1994, S. 25–38

Stevenson, Katherine Cole und Jandl, H. Ward
Houses by Mail: A Guide to Houses from Sears,
Roebuck and Company
Wiley & Sons, New York, 1986

Vidotto, Marco
Alison and Peter Smithson: Works and Projects
Ingoprint, Barcelona, 1997

Wachsmann, Konrad, Grüning, Michael, Grüning, Christa und Sumi, Christian
Holzhausbau: Technik und Gestaltung
Birkhäuser, Basel, 1995 (Erstausgabe 1930)

Whiteley, Nigel
The Digital Age: the Fourth Machine Age, 2005
http://www.a4a.info/viza/html/v-018-01.html

Wohnungsbau

Arieff, Allison und Burkhart, Bryan
Prefab
Gibbs Smith, Layton, Utah, 2002

Brown, Karen A. u. a.
„Quadrant Homes Applies Lean Concepts in a Project Environment", in: Goliath Business News, 2004
http://goliath.ecnext.com/coms2/gi_0199-4859154/Quadrant-Homes-applies-lean-concepts.html

Ching, Francis D. K.
Building Construction Illustrated
Wiley & Sons, New York, 4. Aufl. 2008

dieGesellschafter.de, „So wohnt Deutschland"
http://diegesellschafter.de/information/dossiers/dossier.php?did=28&z1=1261260575&z2=cb6 7d7d750ee3141b4184efe8f4fa6b9&

Egan, Sir John
Rethinking Construction: Report of the Construction Task Force
HMSO, London, 1998

„Factory and Site-Built Housing: A Comparison for the 21st Century", in: ToolBase Services, 1998
http://www.toolbase.org/Construction-Methods/Manufactured-Housing/factory-site-built-comparison

Hoke, John Ray (Hrsg.)
Ramsey/Sleeper Architectural Graphic Standards
Wiley & Sons, New York, 11. Aufl. 2007

Hönig, Roderick
„Fertighaus nach Mass", in: NZZ-Folio, 2002
http://www.nextroom.at/article.php?x=y&article_id=1275

Knutt, Elaine
„Is the Prefab Revolution on Hold?",
in: Building Design, 3. 2. 2006
http://www.bdonline.co.uk/story.asp?storyCode=3062135

Mathieu, Renee
„The Prefabricated Housing Industries in the United States, Sweden and Japan", in: Construction Review, Juli/August 1987
http://findarticles.com/p/articles/mi_m3035/is_ v33/ai_5221728/?tag=content;col1

Shelar, Scott
„Labor Shortage Threatening U. S. Construction Industry", in: Atlanta Business Chronicle, 1997
http://www.bizjournals.com/atlanta/stories/1997/09/08/focus17.html

„Whole-House Systems", in:
ToolBase Services, 2007
http://www.toolbase.org/ToolbaseResources/level3.aspx?BucketID=1&CategoryID=13

Gewerbebau

Beyeler, Therese, Medici, Roberto und Büro Haller
Dokumentation der Ausstellung
„Fritz Haller Bauen und Forschen"
Büro Fritz Haller, Solothurn, 1998

Broeze, Frank
The Globalisation of the Oceans
International Maritime Economic History Association, St. Johns, Neufundland, 2002

„Elemente und Systeme" (Themenheft)
DETAIL, Nr. 4, 2001

„Haus der Zukunft"
ARCH+, Nr. 198/199, 2010

Köhler, Lutz
Entwicklungen beim Bau von Produktions- gewächshäusern
Institut für Technik im Gartenbau, Fachhoch- schule Weihenstephan, 2002

„Leichtbau und Systeme" (Themenheft)
DETAIL, Nr. 7/8, 2006

Lichtenberg, Jos
Slimbouwen
Aenaes, uitgeverij van vakinformatie, Boxtel, 2005

Staib, Gerald, Dörrhöfer, Andreas und Rosenthal, Markus
Elemente und Systeme: Modulares Bauen. Entwurf, Konstruktion, neue Technologien
Edition Detail, München, und Birkhäuser, Basel, 2008

Wachsmann, Konrad
Wendepunkt im Bauen
Krausskopf Verlag, Wiesbaden, 1959

Wichmann, Hans und Haller, Fritz
System-Design Fritz Haller. Bauten – Möbel – Forschung
Birkhäuser, Basel, 1989

Witthöft, Hans Jürgen
Container. Die Mega-Carrier kommen
Koehler, Hamburg, 2. Aufl. 2004

Prozesse

Ford, Henry und Crowther, Samuel
Today and Tomorrow
Productivity Press, Detroit, 1988 (Erstausgabe 1926)
Deutsch: Das große Heute, das größere Morgen
P. List Verlag, 1926

Gundermann, Beate
Schlüsselfertiges Bauen: Logistik im Ausbau bei schlüsselfertiger Bauausführung
Diplomarbeit, Universität Dortmund, 1997

Knaack, Ulrich und Hasselbach, Reinhard
New Strategies for Systems
TU Delft, 2006

Liker, Jeffrey K.
Der Toyota Weg
Finanzbuch Verlag, München, 2006

Mainka, Thomas
Rationalisierungsreserven in der schlüsselfertigen Bauausführung
Dissertation, Universität Dortmund, 1986

Ohno, Taiichi
Das Toyota-Produktionssystem
Campus, Frankfurt am Main, 1993

Womack, James P., Jones, Daniel T. und Roos, Daniel
The Machine That Changed the World
Harper Perennial, New York, 1991

Bauteile

Ackermann, Kurt
Tragwerke in der konstruktiven Architektur
Deutsche Verlagsanstalt, Stuttgart, 1988

Ackermann, Kurt
Geschossbauten für Gewerbe und Industrie
Deutsche Verlagsanstalt, Stuttgart, 1993

Bräm, Matthias
Konstruktives Entwerfen mit Betonelementen
ZWH Zürcher Hochschule Winterthur, 2002

Braun, Dietrich
„Phantastisch Plastisch", in: Blücher, Claudia von
und Erdmann, Günther u. a. (Hrsg.)
Faszination Kunststoff
Deutsches Kunststoff Museum, Düsseldorf, 1998

Hauschild, Moritz
Konstruieren im Raum: Eine Baukonstruktions-
lehre zum Studium
Callwey, München, 2003

Krieg, Stefan
„Gusseiserne Elementbauten",
in: DAM Architektur Jahrbuch
Prestel, München, 1994, S. 11–23

Rush, Richard D. (Hrsg.)
The Building Systems Integration Handbook
Butterworth-Heinemann, Stoneham, Mass., 1986
(Nachdruck 1991)

„Steel and You: The Life of Steel"
International Iron and Steel Institute, Brüssel, 2008
http://www.worldsteel.org/?action=publicationde
tail&id=71

Trewin, Ed
The Advanced Composites Industry: Global
Markets, Technology Trends and Applications,
2002–2007
Materials Technology Publications, Watford,
2003

Watts, Andrew
Moderne Baukonstruktion:
Neue Gebäude – neue Techniken
Springer, Wien, 2001

Websites zum Thema

fabprefab – modernist prefab dwellings
http://www.fabprefab.com/fabfiles/fablisthome.htm

inhabitat
http://www.inhabitat.com/category/architecture/

dwell – modern home magazine online
http://www.dwell.com/articles/101-prefab.html

Some Assembly Required: Contemporary
Prefabricated Houses
http://design.walkerart.org/prefab

.

Autoren

Professor Dr. Ing. Ulrich Knaack war Architekt in Düsseldorf und ist heute Professor für Konstruktion und Entwurf an der TU Delft sowie der Hochschule Ostwestfalen-Lippe in Detmold. Autor der Fachbücher „Konstruktiver Glasbau" sowie Herausgeber der Birkhäuser-Reihe „Prinzipien der Konstruktion".

Dipl.-Ing. Sharon Chung-Klatte studierte Architektur an der Cornell University in Ithaca, New York, sowie an der Kunstakademie Düsseldorf, wo sie Meisterschülerin war. Sie arbeitete in verschiedenen Architekturbüros in New York und London sowie in Deutschland bei Oswald Mathias Ungers und Ingenhoven, Overdiek und Partner. Sie lehrte als Dozentin am Lehrstuhl von Professor Ulrich Knaack an der Hochschule Ostwestfalen-Lippe in Detmold sowie an der Kunstakademie Düsseldorf und der Academie van Bouwkunst Maastricht. Sie ist heute als Architektin in Düsseldorf tätig.

Dipl.-Ing. Reinhard Hasselbach studierte Architektur an der RWTH Aachen. Er forscht zum Thema Systembau an der TU Delft am Lehrstuhl von Professor Ulrich Knaack und ist freischaffender Architekt und Kurator in Berlin.

Register

Kursiv gesetzte Seitenzahlen verweisen auf
Bildunterschriften.

Bildnachweis

1 Einleitung
1, 4, 8 Sharon Chung-Klatte
2, 7, 9 Ulrich Knaack
3 Ben Parco
5, 6 Rieder Faserbeton-Elemente GmbH

2 Geschichte der Bausysteme
1 Martin Schumann
2 Museum of Fine Arts, Boston
4 Aus: Bernard Rudofsky, *Architecture Without Architects*, Museum of Modern Art, New York, 1964
5 Mark Boucher
6, 26, 27 Aus: Walter Meyer-Bohe, *Vorfertigung*, Vulkan-Verlag Dr. W. Classen, Essen, 1964, S. 29, 170
7 Anja Krämer, Freunde der Weißenhofsiedlung e. V.
8 Holger Ellgard
9 Klemens Erdmann
10 Aus: Frank D. Graham und Thomas J. Emery, *Audel's Carpenter's and Builder's Guide*, T. Audel & Co, New York, 1923 (Nachdrucke 1947, 1951)
11 National Archives and Records Administration, Washington
12, 13 Sears Brands, LLC
14, 19, 39 Sharon Chung-Klatte
17, 18 Dr. Paul Wolff & Tritschler, Institut für Stadtgeschichte, Frankfurt am Main
20 Stiftung Bauhaus
21 Staatsgalerie Stuttgart, Graphische Sammlung
23, 35, 41 Ulrich Knaack
24 Dominique Zehrfuss-Modiano, Cité de l'Architecture et du Patrimonie, Centre d'Archives d'Architecture, Cité Chaillot
25 Foto: Jean-Luc Valentin, Stefan Forster Architekten
26 Zoe Star Small
32, 33 Crown, National Monuments Record
37 Denise McKinney
38 Fred Hong
42, 44 The Estate of R. Buckminster Fuller
45, 47 Konrad Wachsmann Archiv, Akademie der Künste Berlin
48, 49 Reinhard Hasselbach
50, 51 Smithson Family Collection
52, 53 Library of Congress, Prints and Photographs Division

3 Bausysteme im Wohnungsbau
3, 4, 5, 26 Tae Hyun Chung
7 Marcel Bilow
8, 15, 21, 31, 32 Ulrich Knaack
9, 10, 11, 16, 17, 24 Oskar Leo Kaufmann und Albert Ruf mit Johannes Kaufmann
12 Penny Collins und Huw Turner
13 Simpson Strong-Tie Company Inc.
18, 19 John Ware
20 red fur ball, Flickr
22 Reinhard Hasselbach
27 Jay David
28 Anderson Anderson Architecture
29 Alchemy Architects
33 Toyota Homes
34, 35 F.O.B. Architecture und F.O.B. Homes
36 Foto: Tony Maclean, Rogers Stirk Harbour + Partners
37, 39, 40 Sharon Chung-Klatte
38 Ignacio Martinez

4 Bausysteme im Gewerbebau
4, 5, 6 Zendome
8, 9, 12 Containex
13 Foto: Roland Tännler
14 De Meeuw
19 ERNE AG Holzbau, Laufenburg
20, 21, 22 Haller Bauen und Forschen, Therese Beyeler
25 Foto: Christiaan de Bruijne, OTH – Ontwerpgroep Trude Hooykaas
26 Foto: Gido Wesdorp
27, 30 Goldbeck
31 iStockphoto.com/Baloncici
32 CD20 Bouwsystemen
33 Fischer Bauplanung
34 Ballmoos Krucker Architekten
35, 36, 37, 38, 39 TU Delft, Jürgen Heinzel

5 Prozesse
3, 4 Ford Werke
9 iStockphoto.com/archives
10, 11 Reinhard Hasselbach
12, 15, 16 DW Systembau
13, 14 Goldbeck
17 Haller Bauen und Forschen, Therese Beyeler
18 Reinhard Hasselbach, De Meeuw

6 Bauteile: Systeme, Module und Elemente
1, 3, 6, 7, 14, 19, 21, 22, 23, 24, 25, 26, 27, 28, 29, 30, 31, 32, 33, 34, 35, 36, 37 Ulrich Knaack
2, 15, 17 Marcel Bilow
38, 39 Sharon Chung-Klatte

7 Zukunft der Bausysteme
1, 3, 4, 5 Ulrich Knaack
2, 7 Marcel Bilow
6 Fotos: Richard Schieferle, Josef Gartner GmbH
8 Hanns Joosten
9 Behnisch Architekten
10, 12 Michael Moran
11 bhss-architekten

Den genannten Bildgebern gilt unser besonderer Dank. Alle weiteren Abbildungen, insbesondere die Zeichnungen, wurden durch die Autoren für dieses Buch erstellt oder stammen aus deren Archiven. Die Autoren haben sich nach bestem Wissen und Gewissen bemüht, die Herkunft aller Abbildungen zu recherchieren. Falls es unabsichtlich dabei zu Fehlern oder Auslassungen gekommen sein sollte, bitten wir dies zu entschuldigen und bitten um kurze Nachricht. Die Fehler werden in der nächsten Auflage der Publikation korrigiert.

Fassaden
Prinzipien der Konstruktion
Ulrich Knaack; Tillmann Klein; Marcel Bilow; Thomas Auer

Zweite, durchgesehene Auflage der Einführung für Praktiker und Studenten

135 Seiten. 165 Abbildungen und 140 Zeichnungen
21,0 x 27,0 cm. Broschiert.

ISBN 978-3-0346-0671-4 deutsc

Fassaden Atlas
Thomas Herzog; Roland Krippner; Werner Lang

Der neue Konstruktionsatlas zu einem zentralen Thema der Architektur: Fassaden.

319 Seiten. 507Abbildungen, 471 in Farbe sowie 720 Zeichnungen.
23,2 x 29,6 cm. Gebunden.

ISBN 978-3-7643-7031-2 deutsch

Architektur konstruieren
Vom Rohmaterial zum Bauwerk: ein Handbuch
Andrea Deplazes, ETH Zürich (Hrsg.)

Ein wegweisendes Grundlagenwerk und Lehrbuch zur Baukonstruktion.

512 Seiten. 610 Abbildungen, 920 Pläne und Zeichnungen.
23,5 x 29,7 cm. Broschiert.

ISBN 978-3-7643-7313-9 deutsch

Birkhäuser
Postfach
CH-4009 Basel

BIRKHÄUSER